纪法知识学习百问百答

中国法制出版社

目 录

中国共产党纪律处分条例

第一编 总 则

第一章 总体要求和适用范围

第二章　违纪与纪律处分

第三章　纪律处分运用规则

第四章　对违法犯罪党员的纪律处分

第五章　其他规定

第二编　分　则

第六章　对违反政治纪律行为的处分

第七章　对违反组织纪律行为的处分

第八章　对违反廉洁纪律行为的处分

中华人民共和国
公职人员政务处分法

第一章 总 则

第二章 政务处分的种类和适用

第三章 违法行为及其适用的政务处分

第四章 政务处分的程序

第五章 复审、复核

第六章 法律责任

附 录

中国共产党纪律处分条例

第一编　总　　则

第一章　总体要求和适用范围

1. 党的纪律建设必须坚持什么指导思想？

《中国共产党纪律处分条例》（以下简称《纪律处分条例》）第二条规定，党的纪律建设必须坚持以马克思列宁主义、毛泽东思想、邓小平理论、“三个代表”重要思想、科学发展观、习近平新时代中国特色社会主义思想为指导，坚持和加强党的全面领导，坚决维护习近平总书记党中央的核心、全党的核心地位，坚决维护以习近平同志为核心的党中央权威和集中统一领导，弘扬伟大建党精神，坚持自我革命，贯彻全面从严治党战略方针，落实新时代党的建设总要求，推动解决大党独有难题、健全全面从严治党体系，全面加强党的纪律建设，为以中国式现代化全面推进强国建设、民族复兴伟业提供坚强纪律保障。

2. 党组织和党员应当如何认识和遵守党的纪律？

《纪律处分条例》第三条规定，党章是最根本的党内法规，是管党治党的总规矩。党的纪律是党的各级组织和全体党员必须遵守的行为规则。党组织和党员必须坚守初心使命，牢固树立政治意识、大局意识、核心意识、看齐意识，始终坚定道路自信、理论自信、制度自信、文化自信，切实践行正确的权力观、政绩观、事业观，自觉遵守和维护党章，严格执行和维护党的纪律，自觉接受党的纪律约束，模范遵守国家法律法规。

3. 党的纪律处分工作应当遵循哪些原则？

《纪律处分条例》第四条规定，党的纪律处分工作遵循下列原则：

（1）坚持党要管党、全面从严治党。把严的基调、严的措施、严的氛围长期坚持下去，加强对党的各级组织和全体党员的教育、管理和监督，把纪律挺在前面，抓早抓小、防微杜渐。

（2）党纪面前一律平等。对违犯党纪的党组织和党员必须严肃、公正执行纪律，党内不允许有任何不受纪律约束的党组织和党员。

（3）实事求是。对党组织和党员违犯党纪的行为，应当以事实为依据，以党章、其他党内法规和国家法律法规为准绳，执纪执法贯通，准确认定行为性质，区别不同情况，恰当予以处理。

（4）民主集中制。实施党纪处分，应当按

照规定程序经党组织集体讨论决定，不允许任何个人或者少数人擅自决定和批准。上级党组织对违犯党纪的党组织和党员作出的处理决定，下级党组织必须执行。

（5）惩前毖后、治病救人。处理违犯党纪的党组织和党员，应当实行惩戒与教育相结合，做到宽严相济。

4. 如何深化运用监督执纪“四种形态”？

《纪律处分条例》第五条规定，深化运用监督执纪“四种形态”，经常开展批评和自我批评，及时进行谈话提醒、批评教育、责令检查、诫勉，让“红红脸、出出汗”成为常态；党纪轻处分、组织调整成为违纪处理的大多数；党纪重处分、重大职务调整的成为少数；严重违纪涉嫌犯罪追究刑事责任的成为极少数。

5. 《纪律处分条例》的适用范围有哪些?

《纪律处分条例》第六条规定，本条例适用于违犯党纪应当受到党纪责任追究的党组织和党员。

第二章　违纪与纪律处分

6. 党组织和党员的哪些行为应当受到追究？应当重点查处哪些问题？

《纪律处分条例》第七条规定，党组织和党员违反党章和其他党内法规，违反国家法律法规，违反党和国家政策，违反社会主义道德，危害党、国家和人民利益的行为，依照规定应当给予纪律处理或者处分的，都必须受到追究。

重点查处党的十八大以来不收敛、不收手，问题线索反映集中、群众反映强烈，政治问题和经济问题交织的腐败案件，违反中央八项规定精神的问题。

7. 对党员的纪律处分种类包括哪些？

《纪律处分条例》第八条规定，对党员的纪律处分种类：（1）警告；（2）严重警告；（3）撤销党内职务；（4）留党察看；（5）开除党籍。

8. 对党组织的纪律处理措施包括哪些？

《纪律处分条例》第九条规定，对于违犯党纪的党组织，上级党组织应当责令其作出书面检查或者给予通报批评。对于严重违犯党纪、本身又不能纠正的党组织，上一级党的委员会在查明核实后，根据情节严重的程度，可以予以：（1）改组；（2）解散。

9. 党员受到警告、严重警告的，提拔或任职会受到什么限制？

《纪律处分条例》第十条规定，党员受到警告处分一年内、受到严重警告处分一年半内，不得在党内提拔职务或者进一步使用，也不得向党外组织推荐担任高于其原任职务的党外职务或者进一步使用。

10. 什么是撤销党内职务处分？

《纪律处分条例》第十一条规定，撤销党内职务处分，是指撤销受处分党员由党内选举或者组织任命的党内职务。对于在党内担任两个以上职务的，党组织在作处分决定时，应当明确是撤销其一切职务还是一个或者几个职务。如果决定撤销其一个职务，必须撤销其担任的最高职务。如果决定撤销其两个以上职务，则必须从其担任的最高职务开始依次撤销。对于在党外组织担任职务的，应当建议党外组织撤销其党外职务。

对于在立案审查中因涉嫌违犯党纪被免职的党员，审查后依照本条例规定应当给予撤销党内职务处分的，应当按照其原任职务给予撤销党内职务处分。对于应当受到撤销党内职务处分，但是本人没有担任党内职务的，应当给予其严重警告处分。同时，在党外组织担任职务的，应当建议党外组织撤销其党外职务。

党员受到撤销党内职务处分，或者依照前述规定受到严重警告处分的，二年内不得在党内担任和向党外组织推荐担任与其原任职务相当或者高于其原任职务的职务。

11. 什么是留党察看处分？

《纪律处分条例》第十二条规定，留党察看处分，分为留党察看一年、留党察看二年。对于受到留党察看处分一年的党员，期满后仍不符合恢复党员权利条件的，应当延长一年留党察看期限。留党察看期限最长不得超过二年。

党员受留党察看处分期间，没有表决权、选举权和被选举权。留党察看期间，确有悔改表现的，期满后恢复其党员权利；坚持不改或者又发现其他应当受到党纪处分的违纪行为的，应当开除党籍。

党员受到留党察看处分，其党内职务自然撤销。对于担任党外职务的，应当建议党外组织撤销其党外职务。受到留党察看处分的党员，恢复党员权利后二年内，不得在党内担任和向党外组织推荐担任与其原任职务相当或者高于其原任职务的职务。

12. 党员受到开除党籍处分的，可以重新入党吗？任职会受到什么限制？

《纪律处分条例》第十三条规定，党员受到开除党籍处分，五年内不得重新入党，也不得推荐担任与其原任职务相当或者高于其原任职务的党外职务。另有规定不准重新入党的，依照规定。

13. 党员干部受到党纪处分的，能同时进行组织处理吗？

《纪律处分条例》第十四条规定，党员干

部受到党纪处分，需要同时进行组织处理的，党组织应当按照规定给予组织处理。党的各级代表大会的代表受到留党察看以上处分的，党组织应当终止其代表资格。

第三章　纪律处分运用规则

14. 在什么情形下可以从轻或者减轻处分？

《纪律处分条例》第十七条规定，有下列情形之一的，可以从轻或者减轻处分：

（1）主动交代本人应当受到党纪处分的问题；

（2）在组织谈话函询、初步核实、立案审查过程中，能够配合核实审查工作，如实说明本人违纪违法事实；

（3）检举同案人或者其他人应当受到党纪处分或者法律追究的问题，经查证属实，或者有其他立功表现；

（4）主动挽回损失、消除不良影响或者有效阻止危害结果发生；

（5）主动上交或者退赔违纪所得；

（6）党内法规规定的其他从轻或者减轻处分情形。

15. 在什么情形下可以免予党纪处分?

《纪律处分条例》第十九条规定，对于党员违犯党纪应当给予警告或者严重警告处分，但是具有本条例第十七条规定的情形之一或者本条例分则中另有规定的，可以给予批评教育、责令检查、诫勉或者组织处理，免予党纪处分。对违纪党员免予处分，应当作出书面结论。

党员有作风纪律方面的苗头性、倾向性问题或者违犯党纪情节轻微的，可以给予谈话提醒、批评教育、责令检查等，或者予以诫勉，不予党纪处分。

党员行为虽然造成损失或者后果，但不是出于故意或者过失，而是由于不可抗力等原因所引起的，不追究党纪责任。

16. 在什么情形下应当从重或者加重处分？

《纪律处分条例》第二十条规定，有下列情形之一的，应当从重或者加重处分：（1）强迫、唆使他人违纪；（2）拒不上交或者退赔违纪所得；（3）违纪受处分后又因故意违纪应当受到党纪处分；（4）违纪受处分后，又被发现其受处分前没有交代的其他应当受到党纪处分的问题；（5）党内法规规定的其他从重或者加重处分情形。

17. 党员在党纪处分影响期内又受到党纪处分的，其影响期为多久？

《纪律处分条例》第二十一条规定，党员在党纪处分影响期内又受到党纪处分的，其影响期为原处分尚未执行的影响期与新处分影响期之和。

18. 什么是从轻处分、从重处分？

《纪律处分条例》第二十二条规定，从轻处分，是指在本条例规定的违纪行为应当受到的处分幅度以内，给予较轻的处分。从重处分，是指在本条例规定的违纪行为应当受到的处分幅度以内，给予较重的处分。

19. 什么是减轻处分、加重处分？

《纪律处分条例》第二十三条规定，减轻处分，是指在本条例规定的违纪行为应当受到的处分幅度以外，减轻一档给予处分。加重处分，是指在本条例规定的违纪行为应当受到的处分幅度以外，加重一档给予处分。本条例规定的只有开除党籍处分一个档次的违纪行为，不适用前述减轻处分的规定。

20. 一人有两种以上违纪行为的，如何合并处理？

《纪律处分条例》第二十四条规定，一人有本条例规定的两种以上应当受到党纪处分的违纪行为，应当合并处理，按其数种违纪行为中应当受到的最高处分加重一档给予处分；其中一种违纪行为应当受到开除党籍处分的，应当给予开除党籍处分。

21. 一个违纪行为触犯两个以上条款的，如何处理？

《纪律处分条例》第二十五条规定，一个违纪行为同时触犯本条例两个以上条款的，依照处分较重的条款定性处理。一个条款规定的违纪构成要件全部包含在另一个条款规定的违纪构成要件中，特别规定与一般规定不一致的，适用特别规定。

22. 二人以上共同故意违纪的，如何处理？

《纪律处分条例》第二十六条规定，二人以上共同故意违纪的，对为首者，从重处分，本条例另有规定的除外；对其他成员，按照其在共同违纪中所起的作用和应负的责任，分别给予处分。

对于经济方面共同违纪的，按照个人参与数额及其所起作用，分别给予处分。对共同违纪的为首者，情节严重的，按照共同违纪的总数额处分。

教唆他人违纪的，应当按照其在共同违纪中所起的作用追究党纪责任。

第四章　对违法犯罪党员的纪律处分

23. 对违法犯罪的党员的纪律处分，遵循什么原则?

《纪律处分条例》第二十八条规定，对违法犯罪的党员，应当按照规定给予党纪处分，做到适用纪律和适用法律有机融合，党纪政务等处分相匹配。

24. 党组织在纪律审查中发现党员有哪些违反法律涉嫌犯罪的行为，应当给予撤销党内职务、留党察看或者开除党籍处分?

《纪律处分条例》第二十九条规定，党组织在纪律审查中发现党员有贪污贿赂、滥用职权、玩忽职守、权力寻租、利益输送、徇私舞弊、浪费国家资财等违反法律涉嫌犯罪行为的，应当给予撤销党内职务、留党察看或者开除党籍处分。

25. 党组织在纪律审查中发现党员有哪些违法行为，应当给予警告直至开除党籍处分？

《纪律处分条例》第三十条第一款、第二款规定，党组织在纪律审查中发现党员有刑法规定的行为，虽不构成犯罪但须追究党纪责任的，或者有其他破坏社会主义市场经济秩序、违反治安管理等违法行为，损害党、国家和人民利益的，应当视具体情节给予警告直至开除党籍处分。

违反国家财经纪律，在公共资金收支、税务管理、国有资产管理、政府采购管理、金融管理、财务会计管理等财经活动中有违法行为的，依照前述规定处理。

26. 党员有哪些严重败坏党的形象的行为，应当给予开除党籍处分？

《纪律处分条例》第三十条第三款规定，党员有嫖娼或者吸食、注射毒品等丧失党员条件，严重败坏党的形象行为的，应当给予开除党籍处分。

27. 党组织在纪律审查中发现党员严重违纪涉嫌违法犯罪的，处理程序是怎样的？

《纪律处分条例》第三十一条规定，党组织在纪律审查中发现党员严重违纪涉嫌违法犯罪的，原则上先作出党纪处分决定，并按照规定由监察机关给予政务处分或者由任免机关（单位）给予处分后，再移送有关国家机关依法处理。

28. 党员被依法留置、逮捕的，党组织应当如何处理？

《纪律处分条例》第三十二条规定，党员被依法留置、逮捕的，党组织应当按照管理权限中止其表决权、选举权和被选举权等党员权利。根据监察机关、司法机关处理结果，可以恢复其党员权利的，应当及时予以恢复。

29. 党员犯罪情节轻微，作出不起诉决定，或者作出有罪判决并免予刑事处罚，或者被单处罚金的，应当给予什么处分？

《纪律处分条例》第三十三条规定，党员犯罪情节轻微，人民检察院依法作出不起诉决定的，或者人民法院依法作出有罪判决并免予刑事处罚的，应当给予撤销党内职务、留党察看或者开除党籍处分。党员犯罪，被单处罚金的，依照前述规定处理。

30. 党员犯罪，在什么情形下应当给予开除党籍处分？

《纪律处分条例》第三十四条规定，党员犯罪，有下列情形之一的，应当给予开除党籍处分：（1）因故意犯罪被依法判处刑法规定的主刑（含宣告缓刑）；（2）被单处或者附加剥夺政治权利；（3）因过失犯罪，被依法判处三年以上（不含三年）有期徒刑。

因过失犯罪被判处三年以下有期徒刑或者被判处管制、拘役的，一般应当开除党籍。对于个别可以不开除党籍的，应当对照处分违纪党员批准权限的规定，报请再上一级党组织批准。

31. 党员依法受到刑事处罚、政务处分、行政处分、行政处罚等，党组织应当如何处理？

《纪律处分条例》第三十五条规定，党员

依法受到刑事责任追究的，党组织应当根据司法机关的生效判决、裁定、决定及其认定的事实、性质和情节，依照本条例规定给予党纪处分，是公职人员的由监察机关给予相应政务处分或者由任免机关（单位）给予相应处分。

党员依法受到政务处分、任免机关（单位）给予的处分、行政处罚，应当追究党纪责任的，党组织可以根据生效的处分、行政处罚决定认定的事实、性质和情节，经核实后依照规定给予相应党纪处分或者组织处理。其中，党员依法受到撤职以上处分的，应当依照本条例规定给予撤销党内职务以上处分。

党员违反国家法律法规、企事业单位或者其他社会组织的规章制度受到其他处分，应当追究党纪责任的，党组织在对有关方面认定的事实、性质和情节进行核实后，依照规定给予相应党纪处分或者组织处理。

党组织作出党纪处分或者组织处理决定后，监察机关、司法机关、行政机关等依法改变原生效判决、裁定、决定等，对原党纪处分或者组织处理决定产生影响的，党组织应当根据改变后的生效判决、裁定、决定等重新作出相应处理。

第五章 其他规定

32. 对违纪后下落不明的党员，应当如何作出处理?

《纪律处分条例》第三十七条规定，对违纪后下落不明的党员，应当区别情况作出处理：(1) 对有严重违纪行为，应当给予开除党籍处分的，党组织应当作出决定，开除其党籍；(2) 除前项规定的情况外，下落不明时间超过六个月的，党组织应当按照党章规定对其予以除名。

33. 什么是直接责任者、主要领导责任者、重要领导责任者?

《纪律处分条例》第三十九条规定，违纪行为有关责任人员的区分：

（1）直接责任者，是指在其职责范围内，不履行或者不正确履行自己的职责，对造成的损失或者后果起决定性作用的党员或者党员领导干部；

（2）主要领导责任者，是指在其职责范围内，对主管的工作不履行或者不正确履行职责，对造成的损失或者后果负直接领导责任的党员领导干部；

（3）重要领导责任者，是指在其职责范围内，对应管的工作或者参与决定的工作不履行或者不正确履行职责，对造成的损失或者后果负次要领导责任的党员领导干部。

本条例所称领导责任者，包括主要领导责任者和重要领导责任者。

34. 什么是主动交代？

《纪律处分条例》第四十条规定，本条例所称主动交代，是指涉嫌违纪的党员在组织谈话函询、初步核实前向有关组织交代自己的问题，或者在谈话函询、初步核实和立案审查期间交代组织未掌握的问题。

35. 担任职级、单独职务序列等级的党员干部违犯党纪受到处分，如何对其职级、单独职务序列等级进行调整？

《纪律处分条例》第四十一条规定，担任职级、单独职务序列等级的党员干部违犯党纪受到处分，需要对其职级、单独职务序列等级进行调整的，参照本条例关于党外职务的规定执行。

36. 如何计算经济损失？

《纪律处分条例》第四十二条规定，计算经济损失应当计算立案时已经实际造成的全部财产损失，包括为挽回违纪行为所造成损失而支付的各种开支、费用。立案后至处理前持续发生的经济损失，应当一并计算在内。

37. 如何处理违纪行为所获得的经济利益以及职务、职级、职称、学历、学位、奖励、资格等其他利益?

《纪律处分条例》第四十三条规定，对于违纪行为所获得的经济利益，应当收缴或者责令退赔。对于主动上交的违纪所得和经济损失赔偿，应当予以接收，并按照规定收缴或者返还有关单位、个人。

对于违纪行为所获得的职务、职级、职称、学历、学位、奖励、资格等其他利益，应当由承办案件的纪检机关或者由其上级纪检机关建议有关组织、部门、单位按照规定予以纠正。

对于依照本条例第三十七条、第三十八条规定处理的党员，经调查确属其实施违纪行为获得的利益，依照本条规定处理。

38. 如何宣布与执行党纪处分？

《纪律处分条例》第四十四条规定，党纪处分决定作出后，应当在一个月内向受处分党员所在党的基层组织中的全体党员及其本人宣布，是领导班子成员的还应当向所在党组织领导班子宣布，并按照干部管理权限和组织关系将处分决定材料归入受处分者档案；对于受到撤销党内职务以上处分的，还应当在一个月内办理职务、工资、工作及其他有关待遇等相应变更手续；涉及撤销或者调整其党外职务的，应当建议党外组织及时撤销或者调整其党外职务。特殊情况下，经作出或者批准作出处分决定的组织批准，可以适当延长办理期限。办理期限最长不得超过六个月。

39. 如何报告党纪处分决定的执行情况？

《纪律处分条例》第四十五条第一款规定，执行党纪处分决定的机关或者受处分党员所在单位，应当在六个月内将处分决定的执行情况向作出或者批准处分决定的机关报告。

40. 党员对所受党纪处分不服的，可以申诉吗?

《纪律处分条例》第四十五条第二款规定，党员对所受党纪处分不服的，可以依照党章及有关规定提出申诉。

41. 党员因违犯党纪受到处分，影响期满后，党组织需要取消处分吗?

《纪律处分条例》第四十六条规定，党员因违犯党纪受到处分，影响期满后，党组织无需取消对其的处分。

第二编 分 则[①]

第六章 对违反政治纪律行为的处分

42. 制作、贩卖、传播，私自携带、寄递入出境，私自阅看、浏览、收听有严重政治问题的读物、资料等，应当给予什么处分？

《纪律处分条例》第五十二条规定，制作、贩卖、传播第五十条、第五十一条所列内容之一的报刊、书籍、音像制品、电子读物，以及网络文本、图片、音频、视频资料等，情节较轻的，给予警告或者严重警告处分；情节较重

① 分则部分，本书重点选取2023年修订的《纪律处分条例》分则中修改的条款，方便读者学习新规定新变化。

的，给予撤销党内职务或者留党察看处分；情节严重的，给予开除党籍处分。

私自携带、寄递第五十条、第五十一条所列内容之一的报刊、书籍、音像制品、电子读物等入出境，情节较重的，给予警告或者严重警告处分；情节严重的，给予撤销党内职务、留党察看或者开除党籍处分。

私自阅看、浏览、收听第五十条、第五十一条所列内容之一的报刊、书籍、音像制品、电子读物，以及网络文本、图片、音频、视频资料等，情节严重的，给予警告、严重警告或者撤销党内职务处分。

43. 搞投机钻营，结交政治骗子或者被政治骗子利用的，或者充当政治骗子的，应当给予什么处分？

《纪律处分条例》第五十五条规定，搞投机钻营，结交政治骗子或者被政治骗子利用的，给予严重警告或者撤销党内职务处分；情节严重的，给予留党察看或者开除党籍处分。

充当政治骗子的，给予撤销党内职务、留党察看或者开除党籍处分。

44. 搞山头主义，拒不执行党中央确定的大政方针，贯彻党中央决策部署只表态不落实，或者落实不坚决，搞部门或者地方保护主义的，应当给予什么处分？

《纪律处分条例》第五十六条规定，党员领导干部在本人主政的地方或者分管的部门自行其是，搞山头主义，拒不执行党中央确定的大政方针，甚至背着党中央另搞一套的，给予撤销党内职务、留党察看或者开除党籍处分。

贯彻党中央决策部署只表态不落实，或者落实党中央决策部署不坚决，打折扣、搞变通，在政治上造成不良影响或者严重后果的，给予警告或者严重警告处分；情节严重的，给予撤销党内职务、留党察看或者开除党籍处分。

不顾党和国家大局，搞部门或者地方保护主义的，依照前述规定处理。

45. 政绩观错位，违背新发展理念、背离高质量发展要求，给党、国家和人民利益造成较大损失的，应当给予什么处分？

《纪律处分条例》第五十七条规定，党员领导干部政绩观错位，违背新发展理念、背离高质量发展要求，给党、国家和人民利益造成较大损失的，给予警告或者严重警告处分；情节较重的，给予撤销党内职务或者留党察看处分；情节严重的，给予开除党籍处分。搞劳民伤财的“形象工程”“政绩工程”的，从重或者加重处分。

46. 对党不忠诚不老实，做两面人，在政治上造成不良影响的，应当给予什么处分？

《纪律处分条例》第五十八条规定，对党不忠诚不老实，表里不一，阳奉阴违，欺上瞒下，搞两面派，做两面人，在政治上造成不良影响的，给予警告或者严重警告处分；情节较重的，给予撤销党内职务或者留党察看处分；情节严重的，给予开除党籍处分。

47. 不按照有关规定向组织请示、报告重大事项，对直接责任者和领导责任者，应当给予什么处分？

《纪律处分条例》第六十一条规定，不按照有关规定向组织请示、报告重大事项，对直接责任者和领导责任者，情节较重的，给予警告或者严重警告处分；情节严重的，给予撤销党内职务或者留党察看处分。

48. 干扰巡视巡察工作或者不落实巡视巡察整改要求，对直接责任者和领导责任者，应当给予什么处分？

《纪律处分条例》第六十二条规定，干扰巡视巡察工作或者不落实巡视巡察整改要求，对直接责任者和领导责任者，情节较轻的，给予警告或者严重警告处分；情节较重的，给予撤销党内职务或者留党察看处分；情节严重的，给予开除党籍处分。

49. 组织迷信活动，参加迷信活动或者个人搞迷信活动的，应当给予什么处分？

《纪律处分条例》第七十条规定，组织迷信活动的，给予撤销党内职务或者留党察看处分；情节严重的，给予开除党籍处分。

参加迷信活动或者个人搞迷信活动，造成不良影响的，给予警告或者严重警告处分；情节较重的，给予撤销党内职务或者留党察看处分；情节严重的，给予开除党籍处分。

对不明真相的参加人员，经批评教育后确有悔改表现的，可以免予处分或者不予处分。

50. 违反党的优良传统和工作惯例等党的规矩，在政治上造成不良影响或者严重后果的，应当给予什么处分？

《纪律处分条例》第七十六条规定，违反党的优良传统和工作惯例等党的规矩，在政治上造成不良影响或者严重后果的，给予警告或者严重警告处分；情节较重的，给予撤销党内职务或者留党察看处分；情节严重的，给予开除党籍处分。

第七章　对违反组织纪律行为的处分

51. 在党组织纪律审查中，依法依规负有作证义务的党员拒绝作证或者故意提供虚假情况的，应当给予什么处分？

《纪律处分条例》第八十条规定，在党组织纪律审查中，依法依规负有作证义务的党员拒绝作证或者故意提供虚假情况，情节较重的，给予警告或者严重警告处分；情节严重的，给予撤销党内职务、留党察看或者开除党籍处分。

52. 隐瞒不报、不如实报告、弄虚作假、隐瞒入党前严重错误行为的，应当给予什么处分？

《纪律处分条例》第八十一条规定，有下

列行为之一，情节较重的，给予警告或者严重警告处分：（1）违反个人有关事项报告规定，隐瞒不报；（2）在组织进行谈话函询时，不如实向组织说明问题；（3）不按要求报告或者不如实报告个人去向；（4）不如实填报个人档案资料。

在组织进行谈话函询时，不如实向组织说明问题，同时向组织提供虚假情况、掩盖事实的，依照本条例第六十三条关于对抗组织审查行为的处分规定处理。

篡改、伪造个人档案资料的，给予严重警告处分；情节严重的，给予撤销党内职务或者留党察看处分。

隐瞒入党前严重错误的，一般应当予以除名；对入党多年且一贯表现好，或者在工作中作出突出贡献的，给予严重警告、撤销党内职务或者留党察看处分。

53. 在推进领导干部能上能下工作中，搞好人主义，避重就轻作出处理的，对直接责任者和领导责任者，应当给予什么处分？

《纪律处分条例》第八十五条规定，在推进领导干部能上能下工作中，搞好人主义，有下列行为之一，对直接责任者和领导责任者，情节较重的，给予警告或者严重警告处分；情节严重的，给予撤销党内职务或者留党察看处分：（1）以党纪政务等处分规避组织调整；（2）以组织调整代替党纪政务等处分；（3）其他避重就轻作出处理行为。

54. 在录用、考核等人事工作、授予学术称号和征兵、安置退役军人等工作中弄虚作假，或者利用职权谋取利益的，应当给予什么处分？

《纪律处分条例》第八十六条规定，在干

部、职工的录用、考核、职务职级晋升、职称评聘、荣誉表彰，授予学术称号和征兵、安置退役军人等工作中，隐瞒、歪曲事实真相，或者利用职权或者职务上的影响违反有关规定为本人或者其他人谋取利益的，给予警告或者严重警告处分；情节较重的，给予撤销党内职务或者留党察看处分；情节严重的，给予开除党籍处分。

弄虚作假，骗取职务、职级、职称、待遇、资格、学历、学位、荣誉、称号或者其他利益的，依照前述规定处理。

55. 有侵犯党员批评、检举、控告、申辩、辩护、作证、申诉等权利的行为，对直接责任者和领导责任者，应当给予什么处分？

《纪律处分条例》第八十八条规定，有下列行为之一的，对直接责任者和领导责任者，给予警告或者严重警告处分；情节较重的，给予撤销党内职务或者留党察看处分；情节严重的，给予开除党籍处分：

（1）对批评、检举、控告进行阻挠、压制，或者将批评、检举、控告材料私自扣压、销毁，或者故意将其泄露给他人；

（2）对党员的申辩、辩护、作证等进行压制，造成不良后果；

（3）压制党员申诉，造成不良后果，或者不按照有关规定处理党员申诉；

（4）其他侵犯党员权利行为，造成不良后果。

对批评人、检举人、控告人、证人及其他人员打击报复的，从重或者加重处分。

56. 虽经批准因私出国（境）但存在擅自变更路线、无正当理由超期未归等超出批准范围出国（境）行为的，应当给予什么处分？

《纪律处分条例》第九十一条规定，违反

有关规定办理因私出国（境）证件、前往港澳通行证，或者未经批准出入国（边）境，情节较轻的，给予警告或者严重警告处分；情节较重的，给予撤销党内职务或者留党察看处分；情节严重的，给予开除党籍处分。

虽经批准因私出国（境）但存在擅自变更路线、无正当理由超期未归等超出批准范围出国（境）行为，情节较重的，给予警告或者严重警告处分；情节严重的，给予撤销党内职务处分。

第八章　对违反廉洁纪律行为的处分

57. 利用职权或者职务上的影响为他人谋取利益，亲属和其他特定关系人收受对方财物的，应当给予什么处分？

《纪律处分条例》第九十四条规定，党员干部必须正确行使人民赋予的权力，清正廉洁，反对特权思想和特权现象，反对任何滥用职权、谋求私利的行为。

利用职权或者职务上的影响为他人谋取利益，本人的配偶、子女及其配偶等亲属和其他特定关系人收受对方财物，情节较重的，给予警告或者严重警告处分；情节严重的，给予撤销党内职务、留党察看或者开除党籍处分。

58. 赠送超正常的礼品、礼金和消费卡等财物，以讲课费、课题费、咨询费等名义变相送礼的，应当给予什么处分？

《纪律处分条例》第九十八条规定，向从事公务的人员及其配偶、子女及其配偶等亲属和其他特定关系人赠送明显超出正常礼尚往来的礼品、礼金、消费卡（券）和有价证券、股权、其他金融产品等财物，情节较重的，给予警告或者严重警告处分；情节严重的，给予撤销党内职务或者留党察看处分。以讲课费、课题费、咨询费等名义变相送礼的，依照前述规定处理。

59. 借用管理和服务对象的钱款、住房、车辆等，或者通过金融活动获取大额回报，可能影响公正执行公务的，应当给予什么处分?

《纪律处分条例》第九十九条规定，借用管理和服务对象的钱款、住房、车辆等，可能影响公正执行公务，情节较重的，给予警告或者严重警告处分；情节严重的，给予撤销党内职务、留党察看或者开除党籍处分。

通过民间借贷等金融活动获取大额回报，可能影响公正执行公务的，依照前述规定处理。

60. 利用职权或者职务上的影响，为亲属和其他特定关系人谋取利益的，应当给予什么处分?

《纪律处分条例》第一百零四条规定，利用职权或者职务上的影响，为配偶、子女及其配偶等亲属和其他特定关系人在审批监管、资源开发、金融信贷、大宗采购、土地使用权出让、房地产开发、工程招投标以及公共财政收支等方面谋取利益，情节较轻的，给予警告或者严重警告处分；情节较重的，给予撤销党内职务或者留党察看处分；情节严重的，给予开除党籍处分。

利用职权或者职务上的影响，为配偶、子女及其配偶等亲属和其他特定关系人吸收存款、推销金融产品、经营名贵特产类特殊资源等提供帮助谋取利益的，依照前述规定处理。

61. 离职或者退（离）休后违反规定任职或者从事营利活动的，应当给予什么处分？

《纪律处分条例》第一百零五条规定，离职或者退（离）休后违反有关规定接受原任职务管辖的地区和业务范围内或者与原工作业务直接相关的企业和中介机构等单位的聘用，或者个人从事与原任职务管辖业务或者与原工作业务直接相关的营利活动，情节较轻的，给予警告或者严重警告处分；情节较重的，给予撤销党内职务处分；情节严重的，给予留党察看处分。

党员领导干部离职或者退（离）休后违反有关规定担任上市公司、基金管理公司独立董事、独立监事等职务，情节较轻的，给予警告或者严重警告处分；情节较重的，给予撤销党内职务处分；情节严重的，给予留党察看处分。

62. 离职或者退（离）休后利用原职权或者职务上的影响，为亲属和其他特定关系人从事经营活动谋取利益的，应当给予什么处分？

《纪律处分条例》第一百零六条规定，离职或者退（离）休后利用原职权或者职务上的影响，为配偶、子女及其配偶等亲属和其他特定关系人从事经营活动谋取利益，情节较轻的，给予警告或者严重警告处分；情节较重的，给予撤销党内职务或者留党察看处分；情节严重的，给予开除党籍处分。

离职或者退（离）休后利用原职权或者职务上的影响为他人谋取利益，本人的配偶、子女及其配偶等亲属和其他特定关系人收受对方财物，情节较重的，给予警告或者严重警告处分；情节严重的，给予撤销党内职务、留党察看或者开除党籍处分。

63. 党员领导干部的配偶、子女及其配偶有违反经商办企业禁业规定行为的，如何处理？

《纪律处分条例》第一百零七条规定，党员领导干部的配偶、子女及其配偶，违反有关规定在该党员领导干部管辖的地区和业务范围内从事可能影响其公正执行公务的经营活动，或者有其他违反经商办企业禁业规定行为的，该党员领导干部应当按照规定予以纠正；拒不纠正的，其本人应当辞去现任职务或者由组织予以调整职务；不辞去现任职务或者不服从组织调整职务的，给予撤销党内职务处分。

64. 利用职权或者职务上的影响，侵占公私财物，无偿、象征性地支付报酬接受服务、使用劳务，或者违规报销的，应当给予什么处分？

《纪律处分条例》第一百一十一条规定，利用职权或者职务上的影响，侵占非本人经管的公私财物，或者以象征性地支付钱款等方式侵占公私财物，或者无偿、象征性地支付报酬接受服务、使用劳务，情节较轻的，给予警告或者严重警告处分；情节较重的，给予撤销党内职务或者留党察看处分；情节严重的，给予开除党籍处分。

利用职权或者职务上的影响，将应当由本人、配偶、子女及其配偶等亲属、身边工作人员和其他特定关系人个人支付的费用，由下属单位、其他单位或者他人支付、报销的，依照前述规定处理。

65. 公款旅游、变相公款旅游、借机旅游的，应当给予什么处分？

《纪律处分条例》第一百一十五条规定，有下列行为之一，对直接责任者和领导责任者，情节较轻的，给予警告或者严重警告处分；情节较重的，给予撤销党内职务或者留党察看处分；情节严重的，给予开除党籍处分：（1）公款旅游或者以学习培训、考察调研、职工疗养等为名变相公款旅游；（2）改变公务行程，借机旅游；（3）参加所管理企业、下属单位组织的考察活动，借机旅游。

以考察、学习、培训、研讨、招商、参展等名义变相用公款出国（境）旅游的，对直接责任者和领导责任者，依照前述规定处理。

66. 违反会议活动管理规定的，擅自举办评比达标表彰、创建示范活动或者借机收取费用的，应当给予什么处分？

《纪律处分条例》第一百一十八条规定，违反会议活动管理规定，有下列行为之一，对直接责任者和领导责任者，情节较重的，给予警告或者严重警告处分；情节严重的，给予撤销党内职务处分：(1) 到禁止召开会议的风景名胜区开会；(2) 决定或者批准举办各类节会、庆典活动；(3) 其他违反会议活动管理规定行为。

擅自举办评比达标表彰、创建示范活动或者借评比达标表彰、创建示范活动收取费用的，对直接责任者和领导责任者，依照前述规定处理。

67. 违反办公用房管理等规定的，应当给予什么处分？

《纪律处分条例》第一百一十九条规定，违反办公用房管理等规定，有下列行为之一，对直接责任者和领导责任者，情节较重的，给予警告或者严重警告处分；情节严重的，给予撤销党内职务处分：（1）决定或者批准兴建、装修办公楼、培训中心等楼堂馆所；（2）超标准配备、使用办公用房；（3）未经批准租用、借用办公用房；（4）用公款包租、占用客房或者其他场所供个人使用；（5）其他违反办公用房管理等规定行为。

第九章 对违反群众纪律行为的处分

68. 在社会保障、社会救助、政策扶持、救灾救济款物分配等事项中优亲厚友、明显有失公平的，应当给予什么处分？

《纪律处分条例》第一百二十四条规定，在社会保障、社会救助、政策扶持、救灾救济款物分配等事项中优亲厚友、明显有失公平的，给予警告或者严重警告处分；情节较重的，给予撤销党内职务或者留党察看处分；情节严重的，给予开除党籍处分。

69. 有不作为、乱作为、慢作为、假作为等损害群众利益行为的，对直接责任者和领导责任者，应当给予什么处分？

《纪律处分条例》第一百二十六条规定，

有下列行为之一，对直接责任者和领导责任者，情节较重的，给予警告或者严重警告处分；情节严重的，给予撤销党内职务或者留党察看处分：

（1）对涉及群众生产、生活等切身利益的问题依照政策或者有关规定能解决而不及时解决，庸懒无为、效率低下，造成不良影响；

（2）对符合政策的群众诉求消极应付、推诿扯皮，损害党群、干群关系；

（3）对待群众态度恶劣、简单粗暴，造成不良影响；

（4）弄虚作假，欺上瞒下，损害群众利益；

（5）其他不作为、乱作为、慢作为、假作为等损害群众利益行为。

第十章　对违反工作纪律行为的处分

70. 工作中不负责任或者疏于管理，贯彻执行、检查督促上级决策部署不力；党员领导干部对于到任前已经存在且属于其职责范围内的问题，消极回避、推卸责任，造成严重损害或者严重不良影响的，应当给予什么处分？

《纪律处分条例》第一百三十条规定，工作中不负责任或者疏于管理，贯彻执行、检查督促落实上级决策部署不力，给党、国家和人民利益以及公共财产造成较大损失的，对直接责任者和领导责任者，给予警告或者严重警告处分；造成重大损失的，给予撤销党内职务、留党察看或者开除党籍处分。

党员领导干部对于到任前已经存在且属于其职

责范围内的问题，消极回避、推卸责任，造成严重损害或者严重不良影响的，依照前述规定处理。

71. 工作中不敢斗争、不愿担当，面对重大矛盾冲突、危机困难临阵退缩，造成不良影响或者严重后果的，应当给予什么处分？

《纪律处分条例》第一百三十一条规定，工作中不敢斗争、不愿担当，面对重大矛盾冲突、危机困难临阵退缩，造成不良影响或者严重后果的，给予警告或者严重警告处分；情节严重的，给予撤销党内职务、留党察看或者开除党籍处分。

72. 有形式主义、官僚主义行为，造成严重损害或者严重不良影响的，对直接责任者和领导责任者，应当给予什么处分？

《纪律处分条例》第一百三十二条规定，有下列行为之一，造成严重损害或者严重不良影响的，对直接责任者和领导责任者，给予警告或者严重警告处分；情节较重的，给予撤销党内职务或者留党察看处分；情节严重的，给予开除党籍处分：（1）热衷于搞舆论造势、浮在表面；（2）单纯以会议贯彻会议、以文件落实文件，在实际工作中不见诸行动；（3）脱离实际，不作深入调查研究，搞随意决策、机械执行；（4）违反精文减会有关规定搞文山会海；（5）在督查检查考核等工作中搞层层加码、过度留痕，增加基层工作负担；（6）工作中其他形式主义、官僚主义行为。

73. 在公务活动用餐、单位食堂用餐管理工作中不履行或者不正确履行宣传教育、监督管理职责，导致餐饮浪费，造成严重不良影响的，对直接责任者和领导责任者，应当给予什么处分？

《纪律处分条例》第一百三十三条规定，在公务活动用餐、单位食堂用餐管理工作中不履行或者不正确履行宣传教育、监督管理职责，导致餐饮浪费，造成严重不良影响的，对直接责任者和领导责任者，给予警告或者严重警告处分；情节严重的，给予撤销党内职务处分。

74. 有违反机构编制管理规定行为，造成不良影响或者严重后果的，对直接责任者和领导责任者，应当给予什么处分？

《纪律处分条例》第一百三十四条规定，在机构编制工作中，有下列行为之一，造成不良影响或者严重后果的，对直接责任者和领导责任者，给予警告或者严重警告处分；情节较重的，给予撤销党内职务或者留党察看处分；情节严重的，给予开除党籍处分：(1) 擅自超出“三定”规定范围调整职责、设置机构、核定领导职数和配备人员；(2) 违规干预地方机构设置；(3) 其他违反机构编制管理规定行为。

75. 有不履行或者不正确履行信访工作职责行为，造成不良影响或者严重后果的，对直接责任者和领导责任者，应当给予什么处分？

《纪律处分条例》第一百三十五条规定，在信访工作中，有下列行为之一，造成不良影响或者严重后果的，对直接责任者和领导责任者，给予警告或者严重警告处分；情节较重的，给予撤销党内职务或者留党察看处分；情节严重的，给予开除党籍处分：（1）不按照规定受理、办理信访事项；（2）对规模性集体访等处置不力，导致事态扩大；（3）对党委和政府信访部门提出的改进工作、完善政策等建议重视不够、落实不力，导致问题长期得不到解决；（4）其他不履行或者不正确履行信访工作职责行为。

不履行或者不正确履行职责，导致信访事项发生，造成不良影响或者严重后果的，对直接责任者和领导责任者，依照前述规定处理。

76. 党员被立案审查期间，党组织擅自批准其出差、出国（境）、辞职等，或者违规处理违纪党员的，对直接责任者和领导责任者，应当给予什么处分？

《纪律处分条例》第一百三十六条规定，党组织有下列行为之一，对直接责任者和领导责任者，情节较重的，给予警告或者严重警告处分；情节严重的，给予撤销党内职务或者留党察看处分：

（1）党员被立案审查期间，擅自批准其出差、出国（境）、辞职，或者对其交流、提拔职务、晋升职级、进一步使用、奖励，或者办理退休手续；

（2）党员被依法追究刑事责任后，不按照规定给予党纪处分，或者对党员违反国家法律法规的行为，应当给予党纪处分而不处分；

（3）党纪处分决定或者申诉复查决定作出后，不按照规定落实决定中关于被处分人党籍、职务、职级、待遇等事项；

（4）党员受到党纪处分后，不按照干部管理权限和组织关系对受处分党员开展日常教育、管理和监督工作。

77. 滥用问责，或者在问责工作中严重不负责任，造成不良影响的，对直接责任者和领导责任者，应当给予什么处分？

《纪律处分条例》第一百三十七条规定，滥用问责，或者在问责工作中严重不负责任，造成不良影响的，对直接责任者和领导责任者，给予警告或者严重警告处分；情节严重的，给予撤销党内职务处分。

78. 进行统计造假，或者对统计造假失察的，对直接责任者和领导责任者，应当给予什么处分？

《纪律处分条例》第一百三十九条规定，进行统计造假，对直接责任者和领导责任者，情节较轻的，给予警告或者严重警告处分；情节较重的，给予撤销党内职务或者留党察看处分；情节严重的，给予开除党籍处分。

对统计造假失察，造成严重后果的，对直接责任者和领导责任者，给予警告或者严重警告处分；情节严重的，给予撤销党内职务、留党察看或者开除党籍处分。

79. 违反有关规定干预和插手市场经济活动的，应当给予什么处分？

《纪律处分条例》第一百四十一条规定，违反有关规定干预和插手市场经济活动，有下列行为之一，情节较轻的，给予警告或者严重警告处分；情节较重的，给予撤销党内职务或者留党察看处分；情节严重的，给予开除党籍处分：

（1）干预和插手建设工程项目承发包、土地使用权出让、政府采购、房地产开发与经营、矿产资源开发利用、中介机构服务等活动；

（2）干预和插手国有企业重组改制、兼并、破产、产权交易、清产核资、资产评估、资产转让、重大项目投资以及其他重大经营活动等事项；

（3）干预和插手批办各类行政许可和资金借贷等事项；

（4）干预和插手经济纠纷；

（5）干预和插手集体资金、资产和资源的使用、分配、承包、租赁等事项。

80. 违规干预和插手司法活动、执纪执法活动，以及公共财政资金分配、项目立项评审、功勋荣誉表彰奖励等活动的，应当给予什么处分？

《纪律处分条例》第一百四十二条规定，违反有关规定干预和插手司法活动、执纪执法活动，向有关地方或者部门打听案情、打招呼、说情，或者以其他方式对司法活动、执纪执法活动施加影响，情节较轻的，给予严重警告处分；情节较重的，给予撤销党内职务或者留党察看处分；情节严重的，给予开除党籍处分。

违反有关规定干预和插手公共财政资金分配、项目立项评审、功勋荣誉表彰奖励等活动，造成重大损失或者不良影响的，依照前述规定处理。

81. 按照有关规定对干预和插手行为负有报告和登记义务的受请托人，不按照规定报告或者登记的，应当给予什么处分？

《纪律处分条例》第一百四十三条规定，按照有关规定对干预和插手行为负有报告和登记义务的受请托人，不按照规定报告或者登记，情节较重的，给予警告或者严重警告处分；情节严重的，给予撤销党内职务处分。

第十一章　对违反生活纪律行为的处分

82. 生活奢靡、铺张浪费、贪图享乐、追求低级趣味的，应当给予什么处分？

《纪律处分条例》第一百五十条规定，生活奢靡、铺张浪费、贪图享乐、追求低级趣味，造成不良影响的，给予警告或者严重警告处分；情节严重的，给予撤销党内职务处分。

83. 违背社会公序良俗，在公共场所、网络空间有不当言行的，应当给予什么处分？

《纪律处分条例》第一百五十三条规定，违背社会公序良俗，在公共场所、网络空间有不当言行，造成不良影响的，给予警告或者严重警告处分；情节较重的，给予撤销党内职务或者留党察看处分；情节严重的，给予开除党籍处分。

中华人民共和国
公职人员政务处分法

第一章 总 则

1. 制定《公职人员政务处分法》的目的是什么？

根据《公职人员政务处分法》第一条的规定，其制定目的是规范政务处分，加强对所有行使公权力的公职人员的监督，促进公职人员依法履职、秉公用权、廉洁从政从业、坚持道德操守。

2. 《公职人员政务处分法》中的公职人员是指哪些人员？

根据《公职人员政务处分法》第二条第三款的规定，公职人员是指《监察法》第十五条规定的人员，即（1）中国共产党机关、人民代表大会及其常务委员会机关、人民政府、监察委员会、人民法院、人民检察院、中国人民政治协商会议各级委员会机关、民主党派机关和工商业联合会机关的公务员，以及参照《公务员法》管理的人员；（2）法律、法规授权或者受国家机关依法委托管理公共事务的组织中从事公务的人员；（3）国有企业管理人员；（4）公办的教育、科研、文化、医疗卫生、体育等单位中从事管理的人员；（5）基层群众性自治组织中从事管理的人员；（6）其他依法履行公职的人员。

3. 哪些机关、单位有权对公职人员进行政务处分?

根据《公职人员政务处分法》第三条的规定，监察机关应当按照管理权限，加强对公职人员的监督，依法给予违法的公职人员政务处分。

公职人员任免机关、单位应当按照管理权限，加强对公职人员的教育、管理、监督，依法给予违法的公职人员处分。

监察机关发现公职人员任免机关、单位应当给予处分而未给予，或者给予的处分违法、不当的，应当及时提出监察建议。

4. 给予公职人员政务处分应当坚持哪些原则?

《公职人员政务处分法》第四条规定，给予公职人员政务处分，坚持党管干部原则，集体讨论决定；坚持法律面前一律平等，以事实为根据，以法律为准绳，给予的政务处分与违法行为的性质、情节、危害程度相当；坚持惩戒与教育相结合，宽严相济。

5. 给予公职人员政务处分应当具备哪些条件？

根据《公职人员政务处分法》第五条、第六条的规定，公职人员依法履行职责受法律保护，非因法定事由、非经法定程序，不受政务处分。给予公职人员政务处分，应当事实清楚、证据确凿、定性准确、处理恰当、程序合法、手续完备。

第二章　政务处分的种类和适用

6. 政务处分的种类有哪些？

《公职人员政务处分法》第七条规定，政务处分的种类为：（1）警告；（2）记过；（3）记大过；（4）降级；（5）撤职；（6）开除。

7. 如何计算政务处分的期间？

《公职人员政务处分法》第八条规定，政务处分的期间为：（1）警告，六个月；（2）记过，十二个月；（3）记大过，十八个月；（4）降级、撤职，二十四个月。

政务处分决定自作出之日起生效，政务处分期自政务处分决定生效之日起计算。

8. 二名以上公职人员共同违法，如何给予政务处分？

根据《公职人员政务处分法》第九条的规定，公职人员二人以上共同违法，根据各自在违法行为中所起的作用和应当承担的法律责任，分别给予政务处分。

9. 在什么情形下可以对公职人员从轻或者减轻给予政务处分？

《公职人员政务处分法》第十一条规定，公职人员有下列情形之一的，可以从轻或者减轻给予政务处分：（1）主动交代本人应当受到政务处分的违法行为的；（2）配合调查，如实说明本人违法事实的；（3）检举他人违纪违法行为，经查证属实的；（4）主动采取措施，有效避免、挽回损失或者消除不良影响的；（5）在共同违法行为中起次要或者辅助作用的；（6）主动上交或者退赔违法所得的；（7）法律、法规规定的其他从轻或者减轻情节。

10. 在什么情形下可以对公职人员免予或者不予政务处分？

《公职人员政务处分法》第十二条规定，公职人员违法行为情节轻微，且具有本法第十一条规定的情形之一的，可以对其进行谈话提醒、批评教育、责令检查或者予以诫勉，免予或者不予政务处分。

公职人员因不明真相被裹挟或者被胁迫参与违法活动，经批评教育后确有悔改表现的，可以减轻、免予或者不予政务处分。

11. 在什么情形下应当对公职人员从重给予政务处分？

《公职人员政务处分法》第十三条规定，公职人员有下列情形之一的，应当从重给予政务处分：（1）在政务处分期内再次故意违法，应当受到政务处分的；（2）阻止他人检举、提供证据的；

（3）串供或者伪造、隐匿、毁灭证据的；（4）包庇同案人员的；（5）胁迫、唆使他人实施违法行为的；（6）拒不上交或者退赔违法所得的；（7）法律、法规规定的其他从重情节。

12. 公职人员犯罪的，应当如何处理？

《公职人员政务处分法》第十四条规定，公职人员犯罪，有下列情形之一的，予以开除：（1）因故意犯罪被判处管制、拘役或者有期徒刑以上刑罚（含宣告缓刑）的；（2）因过失犯罪被判处有期徒刑，刑期超过三年的；（3）因犯罪被单处或者并处剥夺政治权利的。

因过失犯罪被判处管制、拘役或者三年以下有期徒刑的，一般应当予以开除；案件情况特殊，予以撤职更为适当的，可以不予开除，但是应当报请上一级机关批准。

公职人员因犯罪被单处罚金，或者犯罪情节轻微，人民检察院依法作出不起诉决定或者人民法院依法免予刑事处罚的，予以撤职；造成不良影响的，予以开除。

13. 公职人员有两个以上违法行为的，应当如何处理？

《公职人员政务处分法》第十五条规定，公职人员有两个以上违法行为的，应当分别确定政务处分。应当给予两种以上政务处分的，执行其中最重的政务处分；应当给予撤职以下多个相同政务处分的，可以在一个政务处分期以上、多个政务处分期之和以下确定政务处分期，但是最长不得超过四十八个月。

14. 监察机关在什么情况下可以同时对公职人员给予政务处分？

根据《公职人员政务处分法》第十七条、第十八条的规定，公职人员有违法行为，有关机关依照规定给予组织处理的，监察机关可以同时给予政务处分；担任领导职务的公职人员有违法行为，被罢免、撤销、免去或者辞去领导职务的，监察机关可以同时给予政务处分。

15. 公务员在政务处分期内的晋升会受到什么限制？被撤职的如何处理？

根据《公职人员政务处分法》第十九条的规定，公务员在政务处分期内，不得晋升职务、职级、衔级和级别；其中，被记过、记大过、降级、撤职的，不得晋升工资档次。被撤职的，按照规定降低职务、职级、衔级和级别，同时降低工资和待遇。

16. 管理公共事务的组织中从事公务的人员、公办的科教文卫体单位管理人员、国有企业管理人员在政务处分期内的晋升会受到什么限制？被撤职的如何处理？

根据《公职人员政务处分法》第二十条、第二十一条的规定，法律、法规授权或者受国家机关依法委托管理公共事务的组织中从事公务的人员，公办的教育、科研、文化、医疗卫生、体育等单位中从事管理的人员以及国有企业管理人员，在政务处分期内，不得晋升职务、岗位和职员等级、职称；其中，被记过、记大过、降级、撤职的，不得晋升薪酬待遇等级。被撤职的，降低职务、岗位或者职员等级，同时降低薪酬待遇。

17. 基层群众性自治组织中从事管理的人员有违法行为的，可以给予何种处分？

《公职人员政务处分法》第二十二条规定，基层群众性自治组织中从事管理的人员有违法行为的，监察机关可以予以警告、记过、记大过。

基层群众性自治组织中从事管理的人员受到政务处分的，应当由县级或者乡镇人民政府根据具体情况减发或者扣发补贴、奖金。

18. 其他依法履行公职的人员有违法行为的，可以给予何种处分？

根据《公职人员政务处分法》第二十三条第一款的规定，其他依法履行公职的人员有违法行为的，监察机关可以予以警告、记过、记大过。情节严重的，由所在单位直接给予或者监察机关建议有关机关、单位给予降低薪酬待遇、调离岗位、解除人事关系或者劳动关系等处理。

19. 对公职人员违法取得的财物、获得的利益等，应当如何处理？

根据《公职人员政务处分法》第二十五条的规定，公职人员违法取得的财物和用于违法行为的本人财物，除依法应当由其他机关没收、追缴或者责令退赔的，由监察机关没收、追缴或者责令退赔；应当退还原所有人或者原持有人的，依法予以退还；属于国家财产或者不应当退还以及无法退还的，上缴国库。

公职人员因违法行为获得的职务、职级、衔级、级别、岗位和职员等级、职称、待遇、资格、学历、学位、荣誉、奖励等其他利益，监察机关应当建议有关机关、单位、组织按规定予以纠正。

20. 公职人员被开除的，有何后果？受到其他政务处分的，处分期满后，还受影响吗？

根据《公职人员政务处分法》第二十六条的规定，公职人员被开除的，自政务处分决定生效之日起，应当解除其与所在机关、单位的人事关系或者劳动关系。

公职人员受到开除以外的政务处分，在政务处分期内有悔改表现，并且没有再发生应当给予政务处分的违法行为的，政务处分期满后自动解除，晋升职务、职级、衔级、级别、岗位和职员等级、职称、薪酬待遇不再受原政务处分影响。但是，解除降级、撤职的，不恢复原职务、职级、衔级、级别、岗位和职员等级、职称、薪酬待遇。

21. 已经退休的公职人员退休前或者退休后有违法行为的，应当如何处理？

《公职人员政务处分法》第二十七条第一款规定，已经退休的公职人员退休前或者退休后有违法行为的，不再给予政务处分，但是可以对其立案调查；依法应当予以降级、撤职、开除的，应当按照规定相应调整其享受的待遇，对其违法取得的财物和用于违法行为的本人财物依照本法第二十五条的规定处理。

第三章　违法行为及其适用的政务处分

22. 散布有损宪法权威、中国共产党领导和国家声誉的言论的，应当给予何种处分？

根据《公职人员政务处分法》第二十八条第一款第一项和第三款的规定，散布有损宪法权威、中国共产党领导和国家声誉的言论的，予以记过或者记大过；情节较重的，予以降级或者撤职；情节严重的，予以开除。

公开发表反对宪法确立的国家指导思想，反对中国共产党领导，反对社会主义制度，反对改革开放的文章、演说、宣言、声明等的，予以开除。

23. 违反有关请示、报告事项等规定的，应当给予何种处分？

根据《公职人员政务处分法》第二十九条的规定，不按照规定请示、报告重大事项，情节较重的，予以警告、记过或者记大过；情节严重的，予以降级或者撤职。

违反个人有关事项报告规定，隐瞒不报，情节较重的，予以警告、记过或者记大过。

篡改、伪造本人档案资料的，予以记过或者记大过；情节严重的，予以降级或者撤职。

24. 违规出境、办理因私出境证件以及取得外国国籍或者获取境外居留资格的，应当给予何种处分？

根据《公职人员政务处分法》第三十一条的规定，违反规定出境或者办理因私出境证件的，予以记过或者记大过；情节严重的，予以降级或者撤职。

违反规定取得外国国籍或者获取境外永久居留资格、长期居留许可的，予以撤职或者开除。

25. 在干部人事工作中违反有关规定的，应当给予何种处分？

根据《公职人员政务处分法》第三十二条第一项的规定，在选拔任用、录用、聘用、考核、晋升、评选等干部人事工作中违反有关规定的，予以警告、记过或者记大过；情节较重的，予以降级或者撤职；情节严重的，予以开除。

26. 纵容、默许特定关系人违规谋取私利、任职、兼职或者从事经营活动的，应当给予何种处分？

根据《公职人员政务处分法》第三十三条第一款第三项和第二款的规定，纵容、默许特定关系人利用本人职权或者职务上的影响谋取私利的，予以警告、记过或者记大过；情节较重的，予以降级或者撤职；情节严重的，予以开除。

拒不按照规定纠正特定关系人违规任职、兼职或者从事经营活动，且不服从职务调整的，予以撤职。

27. 收受或者向公职人员及其特定关系人赠送可能影响其公正行使公权力的财物的，应当给予何种处分？

根据《公职人员政务处分法》第三十四条的规定，收受可能影响公正行使公权力的礼品、礼金、有价证券等财物的，予以警告、记过或者记大过；情节较重的，予以降级或者撤职；情节严重的，予以开除。

向公职人员及其特定关系人赠送可能影响公正行使公权力的礼品、礼金、有价证券等财物，或者接受、提供可能影响公正行使公权力的宴请、旅游、健身、娱乐等活动安排，情节较重的，予以警告、记过或者记大过；情节严重的，予以降级或者撤职。

28. 违规公款消费的，应当给予何种处分？

根据《公职人员政务处分法》第三十五条第三项的规定，违反规定公款消费，情节较重的，予以警告、记过或者记大过；情节严重的，予以降级或者撤职。

29. 违规从事或者参与营利性活动以及兼任职务、领取报酬的，应当给予何种处分？

根据《公职人员政务处分法》第三十六条的规定，违反规定从事或者参与营利性活动，或者违反规定兼任职务、领取报酬的，予以警告、记过或者记大过；情节较重的，予以降级或者撤职；情节严重的，予以开除。

30. 实施侵犯管理服务对象利益的行为的，应当给予何种处分？

根据《公职人员政务处分法》第三十八条的规定，下列行为之一，情节较重的，予以警告、记过或者记大过；情节严重的，予以降级或者撤职：(1) 违反规定向管理服务对象收取、摊派财物的；(2) 在管理服务活动中故意刁难、吃拿卡要的；(3) 在管理服务活动中态度恶劣粗暴，造成不良后果或者影响的；(4) 不按照规定公开工作信息，侵犯管理服务对象知情权，造成不良后果或者影响的；(5) 其他侵犯管理服务对象利益的行为，造成不良后果或者影响的。有前述第一项、第二项和第五项行为，情节特别严重的，予以开除。

31. 工作中有形式主义、官僚主义行为的，应当给予何种处分？

根据《公职人员政务处分法》第三十九条

第三项的规定，工作中有形式主义、官僚主义行为，造成不良后果或者影响的，予以警告、记过或者记大过；情节较重的，予以降级或者撤职；情节严重的，予以开除。

32. 实施违反家庭美德、社会公德等违法行为的，应当给予何种处分？

根据《公职人员政务处分法》第四十条、第四十一条的规定，有下列行为之一的，予以警告、记过或者记大过；情节较重的，予以降级或者撤职；情节严重的，予以开除：(1) 违背社会公序良俗，在公共场所有不当行为，造成不良影响的；(2) 参与或者支持迷信活动，造成不良影响的；(3) 参与赌博的；(4) 拒不承担赡养、抚养、扶养义务的；(5) 实施家庭暴力，虐待、遗弃家庭成员的；(6) 其他严重违反家庭美德、社会公德的行为。吸食、注射毒品，组织赌博，组织、支持、参与卖淫、嫖娼、色情淫乱活动的，予以撤职或者开除。

公职人员有其他违法行为，影响公职人员形象，损害国家和人民利益的，可以根据情节轻重给予相应政务处分。

第四章　政务处分的程序

33. 监察机关对涉嫌违法的公职人员进行调查应当遵守哪些规定？

《公职人员政务处分法》第四十二条规定，监察机关对涉嫌违法的公职人员进行调查，应当由二名以上工作人员进行。监察机关进行调查时，有权依法向有关单位和个人了解情况，收集、调取证据。有关单位和个人应当如实提供情况。

严禁以威胁、引诱、欺骗及其他非法方式收集证据。以非法方式收集的证据不得作为给予政务处分的依据。

34. 监察机关在作出政务处分决定前，应当履行哪些程序？

根据《公职人员政务处分法》第四十三条的规定，作出政务处分决定前，监察机关应当将调查认定的违法事实及拟给予政务处分的依据告知被调查人，听取被调查人的陈述和申辩，并对其陈述的事实、理由和证据进行核实，记录在案。被调查人提出的事实、理由和证据成立的，应予采纳。不得因被调查人的申辩而加重政务处分。

35. 监察机关在调查终结后，应当采取哪些处理措施？

根据《公职人员政务处分法》第四十四条的规定，调查终结后，监察机关应当根据下列不同情况，分别作出处理：（1）确有应受政务处分的违法行为的，根据情节轻重，按照政务处分决定权限，履行规定的审批手续后，作出政务处分决定；（2）违法事实不能成立的，撤销案件；（3）符合免予、不予政务处分条件的，作出免予、不予政务处分决定；（4）被调查人涉嫌其他违法或者犯罪行为的，依法移送主管机关处理。

36. 政务处分决定书应当载明哪些事项？

根据《公职人员政务处分法》第四十五条第二款、第三款的规定，政务处分决定书应当载明下列事项：（1）被处分人的姓名、工作单位和职务；（2）违法事实和证据；（3）政务处分的种类和依据；（4）不服政务处分决定，申请复审、复核的途径和期限；（5）作出政务处分决定的机关名称和日期。政务处分决定书应当盖有作出决定的监察机关的印章。

37. 政务处分决定应当如何送达和告知？

根据《公职人员政务处分法》第四十六条的规定，政务处分决定书应当及时送达被处分人和被处分人所在机关、单位，并在一定范围内宣布。作出政务处分决定后，监察机关应当根据被处分人的具体身份书面告知相关的机关、单位。

38. 参与公职人员违法案件调查、处理的人员在哪些情形下应当回避？

根据《公职人员政务处分法》第四十七条的规定，参与公职人员违法案件调查、处理的人员有下列情形之一的，应当自行回避，被调查人、检举人及其他有关人员也有权要求其回避：(1) 是被调查人或者检举人的近亲属的；(2) 担任过本案的证人的；(3) 本人或者其近亲属与调查的案件有利害关系的；(4) 可能影响案件公正调查、处理的其他情形。

39. 监察机关有关人员的回避由谁决定？

根据《公职人员政务处分法》第四十八条的规定，监察机关负责人的回避，由上级监察机关决定；其他参与违法案件调查、处理人员的回避，由监察机关负责人决定。

监察机关或者上级监察机关发现参与违法案件调查、处理人员有应当回避情形的，可以直接决定该人员回避。

40. 公职人员受到刑事或者行政处罚的，应当如何给予政务处分？

根据《公职人员政务处分法》第四十九条的规定，公职人员依法受到刑事责任追究的，监察机关应当根据司法机关的生效判决、裁定、决定及其认定的事实和情节，依照本法规定给予政务处分。

公职人员依法受到行政处罚，应当给予政务处分的，监察机关可以根据行政处罚决定认定的事实和情节，经立案调查核实后，依照本法给予政务处分。

监察机关作出政务处分后，司法机关、行政机关依法改变原生效判决、裁定、决定等，对原政务处分决定产生影响的，监察机关应当根据改变后的判决、裁定、决定等重新作出相应处理。

41. 监察机关对各级人大以及政协选举或者任命的公职人员、人大代表、政协委员给予政务处分的，应当履行何种程序？

根据《公职人员政务处分法》第五十条的规定，监察机关对经各级人民代表大会、县级以上各级人民代表大会常务委员会选举或者决定任命的公职人员予以撤职、开除的，应当先依法罢免、撤销或者免去其职务，再依法作出政务处分决定。

监察机关对经中国人民政治协商会议各级委员会全体会议或者其常务委员会选举或者决定任命的公职人员予以撤职、开除的，应当先依章程免去其职务，再依法作出政务处分决定。

监察机关对各级人民代表大会代表、中国

人民政治协商会议各级委员会委员给予政务处分的，应当向有关的人民代表大会常务委员会，乡、民族乡、镇的人民代表大会主席团或者中国人民政治协商会议委员会常务委员会通报。

42. 调查终结后，对于不属于本监察机关管辖范围内的监察对象，应当如何处理？

《公职人员政务处分法》第五十一条规定，下级监察机关根据上级监察机关的指定管辖决定进行调查的案件，调查终结后，对不属于本监察机关管辖范围内的监察对象，应当交有管理权限的监察机关依法作出政务处分决定。

43. 公职人员被立案调查的，履职、辞职、交流、晋升、退休等会受到什么限制？

《公职人员政务处分法》第五十二条规定，公职人员涉嫌违法，已经被立案调查，不宜继续履行职责的，公职人员任免机关、单位可以决定暂停其履行职务。

公职人员在被立案调查期间，未经监察机关同意，不得出境、辞去公职；被调查公职人员所在机关、单位及上级机关、单位不得对其交流、晋升、奖励、处分或者办理退休手续。

44. 监察机关发现公职人员受到不实检举、控告或者诬告陷害的，应当采取什么措施？

《公职人员政务处分法》第五十三条规定，监察机关在调查中发现公职人员受到不实检举、控告或者诬告陷害，造成不良影响的，应当按照规定及时澄清事实，恢复名誉，消除不良影响。

45. 公职人员受到降级以上政务处分的，办理相关变更手续的期限是多长？

根据《公职人员政务处分法》第五十四条的规定，对于受到降级以上政务处分的公职人员，应当由人事部门按照管理权限在作出政务处分决定后一个月内办理职务、工资及其他有关待遇等的变更手续；特殊情况下，经批准可以适当延长办理期限，但是最长不得超过六个月。

第五章 复审、复核

46. 本人对政务处分决定不服，或者监察机关发现政务处分决定错误的，应当如何处理?

《公职人员政务处分法》第五十五条规定，公职人员对监察机关作出的涉及本人的政务处分决定不服的，可以依法向作出决定的监察机关申请复审；公职人员对复审决定仍不服的，可以向上一级监察机关申请复核。

监察机关发现本机关或者下级监察机关作出的政务处分决定确有错误的，应当及时予以纠正或者责令下级监察机关及时予以纠正。

47. 在什么情形下应当撤销原政务处分决定，重新作出决定?

《公职人员政务处分法》第五十七条规定，有下列情形之一的，复审、复核机关应当撤销原政务处分决定，重新作出决定或者责令原作出决定的监察机关重新作出决定：（1）政务处分所依据的违法事实不清或者证据不足的；（2）违反法定程序，影响案件公正处理的；（3）超越职权或者滥用职权作出政务处分决定的。

48. 在什么情形下应当变更原政务处分决定?

《公职人员政务处分法》第五十八条规定，有下列情形之一的，复审、复核机关应当变更原政务处分决定，或者责令原作出决定的监察机关予以变更：（1）适用法律、法规确有错误的；（2）对违法行为的情节认定确有错误的；

（3）政务处分不当的。

49. 政务处分决定被变更或者撤销的，应当如何处理？

《公职人员政务处分法》第六十条第一款规定，公职人员的政务处分决定被变更，需要调整该公职人员的职务、职级、衔级、级别、岗位和职员等级或者薪酬待遇等的，应当按照规定予以调整。政务处分决定被撤销的，应当恢复该公职人员的级别、薪酬待遇，按照原职务、职级、衔级、岗位和职员等级安排相应的职务、职级、衔级、岗位和职员等级，并在原政务处分决定公布范围内为其恢复名誉。没收、追缴财物错误的，应当依法予以返还、赔偿。

第六章　法律责任

50. 有关机关无正当理由不采纳监察建议的，应当如何处理？

根据《公职人员政务处分法》第六十一条的规定，有关机关、单位无正当理由拒不采纳监察建议的，由其上级机关、主管部门责令改正，对该机关、单位给予通报批评，对负有责任的领导人员和直接责任人员依法给予处理。

51. 拒不执行政务处分决定、拒不配合或者阻碍调查、打击报复、诬告陷害的，应当如何处理？

《公职人员政务处分法》第六十二条规定，有关机关、单位、组织或者人员有下列情形之一的，由其上级机关，主管部门，任免机关、单位或者监察机关责令改正，依法给予处理：（1）拒不执行政务处分决定的；（2）拒不配合或者阻碍调查的；（3）对检举人、证人或者调查人员进行打击报复的；（4）诬告陷害公职人员的；（5）其他违反本法规定的情形。

52. 监察机关及其工作人员有哪些滥用职权、玩忽职守、徇私舞弊行为时，对负有领导责任的人员和直接责任人员依法进行处理？

根据《公职人员政务处分法》第六十三条的规定，监察机关及其工作人员有下列情形之一的，对负有责任的领导人员和直接责任人员依法给予处理：（1）违反规定处置问题线索的；（2）窃取、泄露调查工作信息，或者泄露检举事项、检举受理情况以及检举人信息的；（3）对被调查人或者涉案人员逼供、诱供，或者侮辱、打骂、虐待、体罚或者变相体罚的；

（4）收受被调查人或者涉案人员的财物以及其他利益的；（5）违反规定处置涉案财物的；（6）违反规定采取调查措施的；（7）利用职权或者职务上的影响干预调查工作、以案谋私的；（8）违反规定发生办案安全事故，或者发生安全事故后隐瞒不报、报告失实、处置不当的；（9）违反回避等程序规定，造成不良影响的；（10）不依法受理和处理公职人员复审、复核的；（11）其他滥用职权、玩忽职守、徇私舞弊的行为。

附　录

中国共产党纪律处分条例

（2003年12月23日中共中央政治局会议审议批准　2003年12月31日中共中央发布　2023年12月8日中共中央政治局会议第三次修订　2023年12月19日中共中央发布）

第一编　总　　则

第一章　总体要求和适用范围

第一条　为了维护党章和其他党内法规，严肃党的纪律，纯洁党的组织，保障党员民主权利，教育党员遵纪守法，维护党的团结统一，保证党的理论、路线、方针、政策、决议和国家法律法规的贯彻执行，根据《中国共产党章程》，制定本条例。

第二条 党的纪律建设必须坚持以马克思列宁主义、毛泽东思想、邓小平理论、“三个代表”重要思想、科学发展观、习近平新时代中国特色社会主义思想为指导，坚持和加强党的全面领导，坚决维护习近平总书记党中央的核心、全党的核心地位，坚决维护以习近平同志为核心的党中央权威和集中统一领导，弘扬伟大建党精神，坚持自我革命，贯彻全面从严治党战略方针，落实新时代党的建设总要求，推动解决大党独有难题、健全全面从严治党体系，全面加强党的纪律建设，为以中国式现代化全面推进强国建设、民族复兴伟业提供坚强纪律保障。

第三条 党章是最根本的党内法规，是管党治党的总规矩。党的纪律是党的各级组织和全体党员必须遵守的行为规则。党组织和党员必须坚守初心使命，牢固树立政治意识、大局意识、核心意识、看齐意识，始终坚定道路自信、理论自信、制度自信、文化自信，切实践行正确的权力观、政绩观、事业观，自觉遵守和维护党章，严格执行和维护党的纪律，自觉接受党的纪律约束，模范遵守国家法律法规。

第四条　党的纪律处分工作遵循下列原则：

（一）坚持党要管党、全面从严治党。把严的基调、严的措施、严的氛围长期坚持下去，加强对党的各级组织和全体党员的教育、管理和监督，把纪律挺在前面，抓早抓小、防微杜渐。

（二）党纪面前一律平等。对违犯党纪的党组织和党员必须严肃、公正执行纪律，党内不允许有任何不受纪律约束的党组织和党员。

（三）实事求是。对党组织和党员违犯党纪的行为，应当以事实为依据，以党章、其他党内法规和国家法律法规为准绳，执纪执法贯通，准确认定行为性质，区别不同情况，恰当予以处理。

（四）民主集中制。实施党纪处分，应当按照规定程序经党组织集体讨论决定，不允许任何个人或者少数人擅自决定和批准。上级党组织对违犯党纪的党组织和党员作出的处理决定，下级党组织必须执行。

（五）惩前毖后、治病救人。处理违犯党纪的党组织和党员，应当实行惩戒与教育相结合，做到宽严相济。

第五条 深化运用监督执纪“四种形态”，经常开展批评和自我批评，及时进行谈话提醒、批评教育、责令检查、诫勉，让“红红脸、出出汗”成为常态；党纪轻处分、组织调整成为违纪处理的大多数；党纪重处分、重大职务调整的成为少数；严重违纪涉嫌犯罪追究刑事责任的成为极少数。

第六条 本条例适用于违犯党纪应当受到党纪责任追究的党组织和党员。

第二章 违纪与纪律处分

第七条 党组织和党员违反党章和其他党内法规，违反国家法律法规，违反党和国家政策，违反社会主义道德，危害党、国家和人民利益的行为，依照规定应当给予纪律处理或者处分的，都必须受到追究。

重点查处党的十八大以来不收敛、不收手，问题线索反映集中、群众反映强烈，政治问题和经济问题交织的腐败案件，违反中央八项规定精神的问题。

第八条　对党员的纪律处分种类：

（一）警告；

（二）严重警告；

（三）撤销党内职务；

（四）留党察看；

（五）开除党籍。

第九条　对于违犯党纪的党组织，上级党组织应当责令其作出书面检查或者给予通报批评。对于严重违犯党纪、本身又不能纠正的党组织，上一级党的委员会在查明核实后，根据情节严重的程度，可以予以：

（一）改组；

（二）解散。

第十条 党员受到警告处分一年内、受到严重警告处分一年半内，不得在党内提拔职务或者进一步使用，也不得向党外组织推荐担任高于其原任职务的党外职务或者进一步使用。

第十一条 撤销党内职务处分，是指撤销受处分党员由党内选举或者组织任命的党内职务。对于在党内担任两个以上职务的，党组织在作处分决定时，应当明确是撤销其一切职务还是一个或者几个职务。如果决定撤销其一个职务，必须撤销其担任的最高职务。如果决定撤销其两个以上职务，则必须从其担任的最高职务开始依次撤销。对于在党外组织担任职务的，应当建议党外组织撤销其党外职务。

对于在立案审查中因涉嫌违犯党纪被免职的党员，审查后依照本条例规定应当给予撤销党内职务处分的，应当按照其原任职务给予撤销党内职务处分。对于应当受到撤销党内职务处分，但是本人没有担任党内职务的，应当给予其严重警告处分。同时，在党外组织担任职务的，应当建议党外组织撤销其党外职务。

党员受到撤销党内职务处分，或者依照前款规定受到严重警告处分的，二年内不得在党内担任和向党外组织推荐担任与其原任职务相当或者高于其原任职务的职务。

第十二条　留党察看处分，分为留党察看一年、留党察看二年。对于受到留党察看处分一年的党员，期满后仍不符合恢复党员权利条件的，应当延长一年留党察看期限。留党察看期限最长不得超过二年。

党员受留党察看处分期间，没有表决权、选举权和被选举权。留党察看期间，确有悔改表现的，期满后恢复其党员权利；坚持不改或者又发现其他应当受到党纪处分的违纪行为的，应当开除党籍。

党员受到留党察看处分，其党内职务自然撤销。对于担任党外职务的，应当建议党外组织撤销其党外职务。受到留党察看处分的党员，恢复党员权利后二年内，不得在党内担任和向党外组织推荐担任与其原任职务相当或者高于其原任职务的职务。

第十三条 党员受到开除党籍处分，五年内不得重新入党，也不得推荐担任与其原任职务相当或者高于其原任职务的党外职务。另有规定不准重新入党的，依照规定。

第十四条 党员干部受到党纪处分，需要同时进行组织处理的，党组织应当按照规定给予组织处理。

党的各级代表大会的代表受到留党察看以上处分的，党组织应当终止其代表资格。

第十五条 对于受到改组处理的党组织领导机构成员，除应当受到撤销党内职务以上处分的外，均自然免职。

第十六条 对于受到解散处理的党组织中的党员，应当逐个审查。其中，符合党员条件的，应当重新登记，并参加新的组织过党的生活；不符合党员条件的，应当对其进行教育、限期改正，经教育仍无转变的，予以劝退或者除名；有违纪行为的，依照规定予以追究。

第三章　纪律处分运用规则

第十七条　有下列情形之一的，可以从轻或者减轻处分：

（一）主动交代本人应当受到党纪处分的问题；

（二）在组织谈话函询、初步核实、立案审查过程中，能够配合核实审查工作，如实说明本人违纪违法事实；

（三）检举同案人或者其他人应当受到党纪处分或者法律追究的问题，经查证属实，或者有其他立功表现；

（四）主动挽回损失、消除不良影响或者有效阻止危害结果发生；

（五）主动上交或者退赔违纪所得；

（六）党内法规规定的其他从轻或者减轻处分情形。

第十八条　根据案件的特殊情况，由中央纪委决定或者经省（部）级纪委（不含副省级市纪委）决定并呈报中央纪委批准，对违纪党员也可以在本条例规定的处分幅度以外减轻处分。

第十九条 对于党员违犯党纪应当给予警告或者严重警告处分，但是具有本条例第十七条规定的情形之一或者本条例分则中另有规定的，可以给予批评教育、责令检查、诫勉或者组织处理，免予党纪处分。对违纪党员免予处分，应当作出书面结论。

党员有作风纪律方面的苗头性、倾向性问题或者违犯党纪情节轻微的，可以给予谈话提醒、批评教育、责令检查等，或者予以诫勉，不予党纪处分。

党员行为虽然造成损失或者后果，但不是出于故意或者过失，而是由于不可抗力等原因所引起的，不追究党纪责任。

第二十条 有下列情形之一的，应当从重或者加重处分：

（一）强迫、唆使他人违纪；

（二）拒不上交或者退赔违纪所得；

（三）违纪受处分后又因故意违纪应当受到党纪处分；

（四）违纪受处分后，又被发现其受处分前没有交代的其他应当受到党纪处分的问题；

（五）党内法规规定的其他从重或者加重处分情形。

第二十一条　党员在党纪处分影响期内又受到党纪处分的，其影响期为原处分尚未执行的影响期与新处分影响期之和。

第二十二条　从轻处分，是指在本条例规定的违纪行为应当受到的处分幅度以内，给予较轻的处分。

从重处分，是指在本条例规定的违纪行为应当受到的处分幅度以内，给予较重的处分。

第二十三条　减轻处分，是指在本条例规定的违纪行为应当受到的处分幅度以外，减轻一档给予处分。

加重处分，是指在本条例规定的违纪行为应当受到的处分幅度以外，加重一档给予处分。

本条例规定的只有开除党籍处分一个档次的违纪行为，不适用第一款减轻处分的规定。

第二十四条 一人有本条例规定的两种以上应当受到党纪处分的违纪行为，应当合并处理，按其数种违纪行为中应当受到的最高处分加重一档给予处分；其中一种违纪行为应当受到开除党籍处分的，应当给予开除党籍处分。

第二十五条 一个违纪行为同时触犯本条例两个以上条款的，依照处分较重的条款定性处理。

一个条款规定的违纪构成要件全部包含在另一个条款规定的违纪构成要件中，特别规定与一般规定不一致的，适用特别规定。

第二十六条 二人以上共同故意违纪的，对为首者，从重处分，本条例另有规定的除外；对其他成员，按照其在共同违纪中所起的作用和应负的责任，分别给予处分。

对于经济方面共同违纪的，按照个人参与数额及其所起作用，分别给予处分。对共同违纪的为首者，情节严重的，按照共同违纪的总数额处分。

教唆他人违纪的，应当按照其在共同违纪中所起的作用追究党纪责任。

第二十七条　党组织领导机构集体作出违犯党纪的决定或者实施其他违犯党纪的行为，对具有共同故意的成员，按共同违纪处理；对过失违纪的成员，按照各自在集体违纪中所起的作用和应负的责任分别给予处分。

第四章　对违法犯罪党员的纪律处分

第二十八条　对违法犯罪的党员，应当按照规定给予党纪处分，做到适用纪律和适用法律有机融合，党纪政务等处分相匹配。

第二十九条　党组织在纪律审查中发现党员有贪污贿赂、滥用职权、玩忽职守、权力寻租、利益输送、徇私舞弊、浪费国家资财等违反法律涉嫌犯罪行为的，应当给予撤销党内职务、留党察看或者开除党籍处分。

第三十条 党组织在纪律审查中发现党员有刑法规定的行为，虽不构成犯罪但须追究党纪责任的，或者有其他破坏社会主义市场经济秩序、违反治安管理等违法行为，损害党、国家和人民利益的，应当视具体情节给予警告直至开除党籍处分。

违反国家财经纪律，在公共资金收支、税务管理、国有资产管理、政府采购管理、金融管理、财务会计管理等财经活动中有违法行为的，依照前款规定处理。

党员有嫖娼或者吸食、注射毒品等丧失党员条件，严重败坏党的形象行为的，应当给予开除党籍处分。

第三十一条 党组织在纪律审查中发现党员严重违纪涉嫌违法犯罪的，原则上先作出党纪处分决定，并按照规定由监察机关给予政务处分或者由任免机关（单位）给予处分后，再移送有关国家机关依法处理。

第三十二条 党员被依法留置、逮捕的，党组织应当按照管理权限中止其表决权、选举权和被选举权等党员权利。根据监察机关、司法机关处理结果，可以恢复其党员权利的，应当及时予以恢复。

第三十三条　党员犯罪情节轻微，人民检察院依法作出不起诉决定的，或者人民法院依法作出有罪判决并免予刑事处罚的，应当给予撤销党内职务、留党察看或者开除党籍处分。

党员犯罪，被单处罚金的，依照前款规定处理。

第三十四条　党员犯罪，有下列情形之一的，应当给予开除党籍处分：

（一）因故意犯罪被依法判处刑法规定的主刑（含宣告缓刑）；

（二）被单处或者附加剥夺政治权利；

（三）因过失犯罪，被依法判处三年以上（不含三年）有期徒刑。

因过失犯罪被判处三年以下有期徒刑或者被判处管制、拘役的，一般应当开除党籍。对于个别可以不开除党籍的，应当对照处分违纪党员批准权限的规定，报请再上一级党组织批准。

第三十五条 党员依法受到刑事责任追究的，党组织应当根据司法机关的生效判决、裁定、决定及其认定的事实、性质和情节，依照本条例规定给予党纪处分，是公职人员的由监察机关给予相应政务处分或者由任免机关（单位）给予相应处分。

党员依法受到政务处分、任免机关（单位）给予的处分、行政处罚，应当追究党纪责任的，党组织可以根据生效的处分、行政处罚决定认定的事实、性质和情节，经核实后依照规定给予相应党纪处分或者组织处理。其中，党员依法受到撤职以上处分的，应当依照本条例规定给予撤销党内职务以上处分。

党员违反国家法律法规、企事业单位或者其他社会组织的规章制度受到其他处分，应当追究党纪责任的，党组织在对有关方面认定的事实、性质和情节进行核实后，依照规定给予相应党纪处分或者组织处理。

党组织作出党纪处分或者组织处理决定

后，监察机关、司法机关、行政机关等依法改变原生效判决、裁定、决定等，对原党纪处分或者组织处理决定产生影响的，党组织应当根据改变后的生效判决、裁定、决定等重新作出相应处理。

第五章　其他规定

第三十六条　预备党员违犯党纪，情节较轻，可以保留预备党员资格的，党组织应当对其批评教育或者延长预备期；情节较重的，应当取消其预备党员资格。

第三十七条　对违纪后下落不明的党员，应当区别情况作出处理：

（一）对有严重违纪行为，应当给予开除党籍处分的，党组织应当作出决定，开除其党籍；

（二）除前项规定的情况外，下落不明时间超过六个月的，党组织应当按照党章规定对其予以除名。

第三十八条 违纪党员在党组织作出处分决定前死亡，或者在死亡之后发现其曾有严重违纪行为，对于应当给予开除党籍处分的，开除其党籍；对于应当给予留党察看以下处分的，作出违犯党纪的书面结论和相应处理。

第三十九条 违纪行为有关责任人员的区分：

（一）直接责任者，是指在其职责范围内，不履行或者不正确履行自己的职责，对造成的损失或者后果起决定性作用的党员或者党员领导干部；

（二）主要领导责任者，是指在其职责范围内，对主管的工作不履行或者不正确履行职责，对造成的损失或者后果负直接领导责任的党员领导干部；

（三）重要领导责任者，是指在其职责范围内，对应管的工作或者参与决定的工作不履行或者不正确履行职责，对造成的损失或者后果负次要领导责任的党员领导干部。

本条例所称领导责任者，包括主要领导责

任者和重要领导责任者。

第四十条　本条例所称主动交代，是指涉嫌违纪的党员在组织谈话函询、初步核实前向有关组织交代自己的问题，或者在谈话函询、初步核实和立案审查期间交代组织未掌握的问题。

第四十一条　担任职级、单独职务序列等级的党员干部违犯党纪受到处分，需要对其职级、单独职务序列等级进行调整的，参照本条例关于党外职务的规定执行。

第四十二条　计算经济损失应当计算立案时已经实际造成的全部财产损失，包括为挽回违纪行为所造成损失而支付的各种开支、费用。立案后至处理前持续发生的经济损失，应当一并计算在内。

第四十三条　对于违纪行为所获得的经济利益，应当收缴或者责令退赔。对于主动上交的违纪所得和经济损失赔偿，应当予以接收，并按照规定收缴或者返还有关单位、个人。

对于违纪行为所获得的职务、职级、职称、

学历、学位、奖励、资格等其他利益，应当由承办案件的纪检机关或者由其上级纪检机关建议有关组织、部门、单位按照规定予以纠正。

对于依照本条例第三十七条、第三十八条规定处理的党员，经调查确属其实施违纪行为获得的利益，依照本条规定处理。

第四十四条 党纪处分决定作出后，应当在一个月内向受处分党员所在党的基层组织中的全体党员及其本人宣布，是领导班子成员的还应当向所在党组织领导班子宣布，并按照干部管理权限和组织关系将处分决定材料归入受处分者档案；对于受到撤销党内职务以上处分的，还应当在一个月内办理职务、工资、工作及其他有关待遇等相应变更手续；涉及撤销或者调整其党外职务的，应当建议党外组织及时撤销或者调整其党外职务。特殊情况下，经作出或者批准作出处分决定的组织批准，可以适当延长办理期限。办理期限最长不得超过六个月。

第四十五条 执行党纪处分决定的机关或者受处分党员所在单位，应当在六个月内将处分决定的执行情况向作出或者批准处分决定的机关报告。

党员对所受党纪处分不服的，可以依照党章及有关规定提出申诉。

第四十六条 党员因违犯党纪受到处分，影响期满后，党组织无需取消对其的处分。

第四十七条 本条例所称以上、以下，除有特别标明外均含本级、本数。

第四十八条 本条例总则适用于有党纪处分规定的其他党内法规，但是中共中央发布或者批准发布的其他党内法规有特别规定的除外。

第二编 分 则

第六章 对违反政治纪律行为的处分

第四十九条 在重大原则问题上不同党中央保持一致且有实际言论、行为或者造成不良后果的，给予警告或者严重警告处分；情节较重的，给予撤销党内职务或者留党察看处分；情节严重的，给予开除党籍处分。

第五十条 通过网络、广播、电视、报刊、传单、书籍等，或者利用讲座、论坛、报告会、座谈会等方式，公开发表坚持资产阶级自由化立场、反对四项基本原则，反对党的改革开放决策的文章、演说、宣言、声明等的，给予开除党籍处分。

发布、播出、刊登、出版前款所列文章、演说、宣言、声明等或者为上述行为提供方便条件的，对直接责任者和领导责任者，给予严重警告或者撤销党内职务处分；情节严重的，给予留党察看或者开除党籍处分。

第五十一条 通过网络、广播、电视、报刊、传单、书籍等，或者利用讲座、论坛、报告会、座谈会等方式，有下列行为之一，情节较轻的，给予警告或者严重警告处分；情节较重的，给予撤销党内职务或者留党察看处分；情节严重的，给予开除党籍处分：

（一）公开发表违背四项基本原则，违背、

歪曲党的改革开放决策，或者其他有严重政治问题的文章、演说、宣言、声明等；

（二）妄议党中央大政方针，破坏党的集中统一；

（三）丑化党和国家形象，或者诋毁、诬蔑党和国家领导人、英雄模范，或者歪曲党的历史、中华人民共和国历史、人民军队历史。

发布、播出、刊登、出版前款所列内容或者为上述行为提供方便条件的，对直接责任者和领导责任者，给予严重警告或者撤销党内职务处分；情节严重的，给予留党察看或者开除党籍处分。

第五十二条　制作、贩卖、传播第五十条、第五十一条所列内容之一的报刊、书籍、音像制品、电子读物，以及网络文本、图片、音频、视频资料等，情节较轻的，给予警告或者严重警告处分；情节较重的，给予撤销党内职务或者留党察看处分；情节严重的，给予开除党籍处分。

私自携带、寄递第五十条、第五十一条所

列内容之一的报刊、书籍、音像制品、电子读物等入出境，情节较重的，给予警告或者严重警告处分；情节严重的，给予撤销党内职务、留党察看或者开除党籍处分。

私自阅看、浏览、收听第五十条、第五十一条所列内容之一的报刊、书籍、音像制品、电子读物，以及网络文本、图片、音频、视频资料等，情节严重的，给予警告、严重警告或者撤销党内职务处分。

第五十三条 在党内组织秘密集团或者组织其他分裂党的活动的，给予开除党籍处分。

参加秘密集团或者参加其他分裂党的活动的，给予留党察看或者开除党籍处分。

第五十四条 在党内搞团团伙伙、结党营私、拉帮结派、政治攀附、培植个人势力等非组织活动，或者通过搞利益交换、为自己营造声势等活动捞取政治资本的，给予严重警告或者撤销党内职务处分；导致本地区、本部门、本单位政治生态恶化的，给予留党察看或者开除党籍处分。

第五十五条　搞投机钻营，结交政治骗子或者被政治骗子利用的，给予严重警告或者撤销党内职务处分；情节严重的，给予留党察看或者开除党籍处分。

充当政治骗子的，给予撤销党内职务、留党察看或者开除党籍处分。

第五十六条　党员领导干部在本人主政的地方或者分管的部门自行其是，搞山头主义，拒不执行党中央确定的大政方针，甚至背着党中央另搞一套的，给予撤销党内职务、留党察看或者开除党籍处分。

贯彻党中央决策部署只表态不落实，或者落实党中央决策部署不坚决，打折扣、搞变通，在政治上造成不良影响或者严重后果的，给予警告或者严重警告处分；情节严重的，给予撤销党内职务、留党察看或者开除党籍处分。

不顾党和国家大局，搞部门或者地方保护主义的，依照前款规定处理。

第五十七条　党员领导干部政绩观错位，

违背新发展理念、背离高质量发展要求，给党、国家和人民利益造成较大损失的，给予警告或者严重警告处分；情节较重的，给予撤销党内职务或者留党察看处分；情节严重的，给予开除党籍处分。

搞劳民伤财的“形象工程”、“政绩工程”的，从重或者加重处分。

第五十八条 对党不忠诚不老实，表里不一，阳奉阴违，欺上瞒下，搞两面派，做两面人，在政治上造成不良影响的，给予警告或者严重警告处分；情节较重的，给予撤销党内职务或者留党察看处分；情节严重的，给予开除党籍处分。

第五十九条 制造、散布、传播政治谣言，破坏党的团结统一的，给予警告或者严重警告处分；情节较重的，给予撤销党内职务或者留党察看处分；情节严重的，给予开除党籍处分。

政治品行恶劣，匿名诬告，有意陷害或者制造其他谣言，造成损害或者不良影响的，依照前款规定处理。

第六十条　擅自对应当由党中央决定的重大政策问题作出决定、对外发表主张的，对直接责任者和领导责任者，给予严重警告或者撤销党内职务处分；情节严重的，给予留党察看或者开除党籍处分。

第六十一条　不按照有关规定向组织请示、报告重大事项，对直接责任者和领导责任者，情节较重的，给予警告或者严重警告处分；情节严重的，给予撤销党内职务或者留党察看处分。

第六十二条　干扰巡视巡察工作或者不落实巡视巡察整改要求，对直接责任者和领导责任者，情节较轻的，给予警告或者严重警告处分；情节较重的，给予撤销党内职务或者留党察看处分；情节严重的，给予开除党籍处分。

第六十三条　对抗组织审查，有下列行为之一的，给予警告或者严重警告处分；情节较重的，给予撤销党内职务或者留党察看处分；情节严重的，给予开除党籍处分：

（一）串供或者伪造、销毁、转移、隐匿证据；

（二）阻止他人揭发检举、提供证据材料；

（三）包庇同案人员；

（四）向组织提供虚假情况，掩盖事实；

（五）其他对抗组织审查行为。

第六十四条 组织、参加反对党的基本理论、基本路线、基本方略或者重大方针政策的集会、游行、示威等活动的，或者以组织讲座、论坛、报告会、座谈会等方式，反对党的基本理论、基本路线、基本方略或者重大方针政策，造成严重不良影响的，对策划者、组织者和骨干分子，给予开除党籍处分。

对其他参加人员或者以提供信息、资料、财物、场地等方式支持上述活动者，情节较轻的，给予警告或者严重警告处分；情节较重的，给予撤销党内职务或者留党察看处分；情节严重的，给予开除党籍处分。

对不明真相被裹挟参加，经批评教育后确有悔改表现的，可以免予处分或者不予处分。

未经组织批准参加其他集会、游行、示威等活动，情节较轻的，给予警告或者严重警告处分；情节较重的，给予撤销党内职务或者留党察看处分；情节严重的，给予开除党籍处分。

第六十五条　组织、参加旨在反对党的领导、反对社会主义制度或者敌视政府等组织的，对策划者、组织者和骨干分子，给予开除党籍处分。

对其他参加人员，情节较轻的，给予警告或者严重警告处分；情节较重的，给予撤销党内职务或者留党察看处分；情节严重的，给予开除党籍处分。

第六十六条　组织、参加会道门或者邪教组织的，对策划者、组织者和骨干分子，给予开除党籍处分。

对其他参加人员，情节较轻的，给予警告或者严重警告处分；情节较重的，给予撤销党内职务或者留党察看处分；情节严重的，给予开除党籍处分。

对不明真相的参加人员，经批评教育后确有悔改表现的，可以免予处分或者不予处分。

第六十七条 从事、参与挑拨破坏民族关系制造事端或者参加民族分裂活动的，对策划者、组织者和骨干分子，给予开除党籍处分。

对其他参加人员，情节较轻的，给予警告或者严重警告处分；情节较重的，给予撤销党内职务或者留党察看处分；情节严重的，给予开除党籍处分。

对不明真相被裹挟参加，经批评教育后确有悔改表现的，可以免予处分或者不予处分。

有其他违反党和国家民族政策的行为，情节较轻的，给予警告或者严重警告处分；情节较重的，给予撤销党内职务或者留党察看处分；情节严重的，给予开除党籍处分。

第六十八条 组织、利用宗教活动反对党的理论、路线、方针、政策和决议，破坏民族团结的，对策划者、组织者和骨干分子，给予开除党籍处分。

对其他参加人员，给予撤销党内职务或者

留党察看处分；情节严重的，给予开除党籍处分。

对不明真相被裹挟参加，经批评教育后确有悔改表现的，可以免予处分或者不予处分。

有其他违反党和国家宗教政策的行为，情节较轻的，给予警告或者严重警告处分；情节较重的，给予撤销党内职务或者留党察看处分；情节严重的，给予开除党籍处分。

第六十九条 对信仰宗教的党员，应当加强思想教育，要求其限期改正；经党组织帮助教育仍没有转变的，应当劝其退党；劝而不退的，予以除名；参与利用宗教搞煽动活动的，给予开除党籍处分。

第七十条 组织迷信活动的，给予撤销党内职务或者留党察看处分；情节严重的，给予开除党籍处分。

参加迷信活动或者个人搞迷信活动，造成不良影响的，给予警告或者严重警告处分；情节较重的，给予撤销党内职务或者留党察看处分；情节严重的，给予开除党籍处分。

对不明真相的参加人员，经批评教育后确有悔改表现的，可以免予处分或者不予处分。

第七十一条 组织、利用宗族势力对抗党和政府，妨碍党和国家的方针政策以及决策部署的实施，或者破坏党的基层组织建设的，对策划者、组织者和骨干分子，给予开除党籍处分。

对其他参加人员，给予撤销党内职务或者留党察看处分；情节严重的，给予开除党籍处分。

对不明真相被裹挟参加，经批评教育后确有悔改表现的，可以免予处分或者不予处分。

第七十二条 在国（境）外、外国驻华使（领）馆申请政治避难，或者违纪后逃往国（境）外、外国驻华使（领）馆的，给予开除党籍处分。

在国（境）外公开发表反对党和政府的文章、演说、宣言、声明等的，依照前款规定处理。

故意为上述行为提供方便条件的，给予留

党察看或者开除党籍处分。

第七十三条　在涉外活动中，其言行在政治上造成恶劣影响，损害党和国家尊严、利益的，给予撤销党内职务或者留党察看处分；情节严重的，给予开除党籍处分。

第七十四条　不履行全面从严治党主体责任、监督责任或者履行全面从严治党主体责任、监督责任不力，给党组织造成严重损害或者严重不良影响的，对直接责任者和领导责任者，给予警告或者严重警告处分；情节严重的，给予撤销党内职务或者留党察看处分。

第七十五条　党员领导干部对违反政治纪律和政治规矩等错误思想和行为不报告、不抵制、不斗争，放任不管，搞无原则一团和气，造成不良影响的，给予警告或者严重警告处分；情节严重的，给予撤销党内职务或者留党察看处分。

第七十六条　违反党的优良传统和工作惯例等党的规矩，在政治上造成不良影响或者严重后果的，给予警告或者严重警告处分；情节较重的，给予撤销党内职务或者留党察看处分；情节严重的，给予开除党籍处分。

第七章　对违反组织纪律行为的处分

第七十七条　违反民主集中制原则，有下列行为之一的，给予警告或者严重警告处分；情节严重的，给予撤销党内职务或者留党察看处分：

（一）拒不执行或者擅自改变党组织作出的重大决定；

（二）违反议事规则，个人或者少数人决定重大问题；

（三）故意规避集体决策，决定重大事项、重要干部任免、重要项目安排和大额资金使用；

（四）借集体决策名义集体违规。

第七十八条　下级党组织拒不执行或者擅自改变上级党组织决定的，对直接责任者和领导责任者，给予警告或者严重警告处分；情节严重的，给予撤销党内职务或者留党察看处分。

第七十九条　拒不执行党组织的分配、调动、交流等决定的，给予警告、严重警告或者撤销党内职务处分。

在特殊时期或者紧急状况下，拒不执行党组织上述决定的，给予留党察看或者开除党籍处分。

第八十条　在党组织纪律审查中，依法依规负有作证义务的党员拒绝作证或者故意提供虚假情况，情节较重的，给予警告或者严重警告处分；情节严重的，给予撤销党内职务、留党察看或者开除党籍处分。

第八十一条　有下列行为之一，情节较重的，给予警告或者严重警告处分：

（一）违反个人有关事项报告规定，隐瞒不报；

（二）在组织进行谈话函询时，不如实向组织说明问题；

（三）不按要求报告或者不如实报告个人

去向；

（四）不如实填报个人档案资料。

有前款第二项规定的行为，同时向组织提供虚假情况、掩盖事实的，依照本条例第六十三条规定处理。

篡改、伪造个人档案资料的，给予严重警告处分；情节严重的，给予撤销党内职务或者留党察看处分。

隐瞒入党前严重错误的，一般应当予以除名；对入党多年且一贯表现好，或者在工作中作出突出贡献的，给予严重警告、撤销党内职务或者留党察看处分。

第八十二条 党员领导干部违反有关规定组织、参加自发成立的老乡会、校友会、战友会等，情节严重的，给予警告、严重警告或者撤销党内职务处分。

第八十三条 有下列行为之一的，给予警告或者严重警告处分；情节较重的，给予撤销党内职务或者留党察看处分；情节严重的，给予开除党籍处分：

（一）在民主推荐、民主测评、组织考察和党内选举中搞拉票、助选等非组织活动；

（二）在法律规定的投票、选举活动中违背组织原则搞非组织活动，组织、怂恿、诱使他人投票、表决；

（三）在选举中进行其他违反党章、其他党内法规和有关章程活动。

搞有组织的拉票贿选，或者用公款拉票贿选的，从重或者加重处分。

第八十四条 在干部选拔任用工作中，有任人唯亲、排斥异己、封官许愿、说情干预、跑官要官、突击提拔或者调整干部等违反干部选拔任用规定行为，对直接责任者和领导责任者，情节较轻的，给予警告或者严重警告处分；情节较重的，给予撤销党内职务或者留党察看处分；情节严重的，给予开除党籍处分。

用人失察失误造成严重后果的，对直接责任者和领导责任者，依照前款规定处理。

第八十五条 在推进领导干部能上能下工作中，搞好人主义，有下列行为之一，对直接责任者和领导责任者，情节较重的，给予警告或者严重警告处分；情节严重的，给予撤销党内职务或者留党察看处分：

（一）以党纪政务等处分规避组织调整；

（二）以组织调整代替党纪政务等处分；

（三）其他避重就轻作出处理行为。

第八十六条 在干部、职工的录用、考核、职务职级晋升、职称评聘、荣誉表彰，授予学术称号和征兵、安置退役军人等工作中，隐瞒、歪曲事实真相，或者利用职权或者职务上的影响违反有关规定为本人或者其他人谋取利益的，给予警告或者严重警告处分；情节较重的，给予撤销党内职务或者留党察看处分；情节严重的，给予开除党籍处分。

弄虚作假，骗取职务、职级、职称、待遇、资格、学历、学位、荣誉、称号或者其他利益的，依照前款规定处理。

第八十七条 侵犯党员的表决权、选举权和被选举权，情节较重的，给予警告或者严重警告处分；情节严重的，给予撤销党内职务处分。

以强迫、威胁、欺骗、拉拢等手段，妨害党员自主行使表决权、选举权和被选举权的，给予撤销党内职务、留党察看或者开除党籍处分。

第八十八条　有下列行为之一的，对直接责任者和领导责任者，给予警告或者严重警告处分；情节较重的，给予撤销党内职务或者留党察看处分；情节严重的，给予开除党籍处分：

（一）对批评、检举、控告进行阻挠、压制，或者将批评、检举、控告材料私自扣压、销毁，或者故意将其泄露给他人；

（二）对党员的申辩、辩护、作证等进行压制，造成不良后果；

（三）压制党员申诉，造成不良后果，或者不按照有关规定处理党员申诉；

（四）其他侵犯党员权利行为，造成不良后果。

对批评人、检举人、控告人、证人及其他

人员打击报复的，从重或者加重处分。

第八十九条 违反党章和其他党内法规的规定，采取弄虚作假或者其他手段把不符合党员条件的人发展为党员，或者为非党员出具党员身份证明的，对直接责任者和领导责任者，给予警告或者严重警告处分；情节严重的，给予撤销党内职务处分。

违反有关规定程序发展党员的，对直接责任者和领导责任者，依照前款规定处理。

第九十条 违反有关规定取得外国国籍或者获取国（境）外永久居留资格、长期居留许可的，给予撤销党内职务、留党察看或者开除党籍处分。

第九十一条 违反有关规定办理因私出国（境）证件、前往港澳通行证，或者未经批准出入国（边）境，情节较轻的，给予警告或者严重警告处分；情节较重的，给予撤销党内职务或者留党察看处分；情节严重的，给予开除党籍处分。

虽经批准因私出国（境）但存在擅自变更路

线、无正当理由超期未归等超出批准范围出国（境）行为，情节较重的，给予警告或者严重警告处分；情节严重的，给予撤销党内职务处分。

第九十二条　驻外机构或者临时出国（境）团（组）中的党员擅自脱离组织，或者从事外事、机要、军事等工作的党员违反有关规定同国（境）外机构、人员联系和交往的，给予警告、严重警告或者撤销党内职务处分。

第九十三条　驻外机构或者临时出国（境）团（组）中的党员，脱离组织出走时间不满六个月又自动回归的，给予撤销党内职务或者留党察看处分；脱离组织出走时间超过六个月的，按照自行脱党处理，党内予以除名。

故意为他人脱离组织出走提供方便条件的，给予警告、严重警告或者撤销党内职务处分。

第八章　对违反廉洁纪律行为的处分

第九十四条　党员干部必须正确行使人民赋予的权力，清正廉洁，反对特权思想和特权现象，反对任何滥用职权、谋求私利的行为。

利用职权或者职务上的影响为他人谋取利益，本人的配偶、子女及其配偶等亲属和其他特定关系人收受对方财物，情节较重的，给予警告或者严重警告处分；情节严重的，给予撤销党内职务、留党察看或者开除党籍处分。

第九十五条 相互利用职权或者职务上的影响为对方及其配偶、子女及其配偶等亲属、身边工作人员和其他特定关系人谋取利益搞权权交易的，给予警告或者严重警告处分；情节较重的，给予撤销党内职务或者留党察看处分；情节严重的，给予开除党籍处分。

第九十六条 纵容、默许配偶、子女及其配偶等亲属、身边工作人员和其他特定关系人利用党员干部本人职权或者职务上的影响谋取私利，情节较轻的，给予警告或者严重警告处分；情节较重的，给予撤销党内职务或者留党察看处分；情节严重的，给予开除党籍处分。

党员干部的配偶、子女及其配偶等亲属和其他特定关系人不实际工作而获取薪酬或者虽实际工作但领取明显超出同职级标准薪酬，党员干部知情未予纠正的，依照前款规定处理。

第九十七条 收受可能影响公正执行公务的礼品、礼金、消费卡（券）和有价证券、股权、其他金融产品等财物，情节较轻的，给予警告或者严重警告处分；情节较重的，给予撤销党内职务或者留党察看处分；情节严重的，给予开除党籍处分。

收受其他明显超出正常礼尚往来的财物的，依照前款规定处理。

第九十八条 向从事公务的人员及其配偶、子女及其配偶等亲属和其他特定关系人赠送明显超出正常礼尚往来的礼品、礼金、消费卡（券）和有价证券、股权、其他金融产品等财物，情节较重的，给予警告或者严重警告处分；情节严重的，给予撤销党内职务或者留党察看处分。

以讲课费、课题费、咨询费等名义变相送礼的，依照前款规定处理。

第九十九条 借用管理和服务对象的钱

款、住房、车辆等，可能影响公正执行公务，情节较重的，给予警告或者严重警告处分；情节严重的，给予撤销党内职务、留党察看或者开除党籍处分。

通过民间借贷等金融活动获取大额回报，可能影响公正执行公务的，依照前款规定处理。

第一百条 利用职权或者职务上的影响操办婚丧喜庆事宜，造成不良影响的，给予警告或者严重警告处分；情节严重的，给予撤销党内职务处分；借机敛财或者有其他侵犯国家、集体和人民利益行为的，从重或者加重处分，直至开除党籍。

第一百零一条 接受、提供可能影响公正执行公务的宴请或者旅游、健身、娱乐等活动安排，情节较重的，给予警告或者严重警告处分；情节严重的，给予撤销党内职务或者留党察看处分。

第一百零二条 违反有关规定取得、持有、实际使用运动健身卡、会所和俱乐部会员卡、高尔夫球卡等各种消费卡（券），或者违反有关规定出入私人会所，情节较重的，给予警告或者严重警告处分；情节严重的，给予撤销党内职务或者留党察看处分。

第一百零三条　违反有关规定从事营利活动，有下列行为之一，情节较轻的，给予警告或者严重警告处分；情节较重的，给予撤销党内职务或者留党察看处分；情节严重的，给予开除党籍处分：

（一）经商办企业；

（二）拥有非上市公司（企业）的股份或者证券；

（三）买卖股票或者进行其他证券投资；

（四）从事有偿中介活动；

（五）在国（境）外注册公司或者投资入股；

（六）其他违反有关规定从事营利活动的行为。

利用参与企业重组改制、定向增发、兼并投资、土地使用权出让等工作中掌握的信息买卖股票，利用职权或者职务上的影响通过购买信托产品、基金等方式非正常获利的，依照前款规定处理。

违反有关规定在经济组织、社会组织等单位中兼职，或者经批准兼职但获取薪酬、奖金、津贴等额外利益的，依照第一款规定处理。

第一百零四条 利用职权或者职务上的影响，为配偶、子女及其配偶等亲属和其他特定关系人在审批监管、资源开发、金融信贷、大宗采购、土地使用权出让、房地产开发、工程招投标以及公共财政收支等方面谋取利益，情节较轻的，给予警告或者严重警告处分；情节较重的，给予撤销党内职务或者留党察看处分；情节严重的，给予开除党籍处分。

利用职权或者职务上的影响，为配偶、子女及其配偶等亲属和其他特定关系人吸收存款、推销金融产品、经营名贵特产类特殊资源等提供帮助谋取利益的，依照前款规定处理。

第一百零五条 离职或者退（离）休后违

反有关规定接受原任职务管辖的地区和业务范围内或者与原工作业务直接相关的企业和中介机构等单位的聘用，或者个人从事与原任职务管辖业务或者与原工作业务直接相关的营利活动，情节较轻的，给予警告或者严重警告处分；情节较重的，给予撤销党内职务处分；情节严重的，给予留党察看处分。

党员领导干部离职或者退（离）休后违反有关规定担任上市公司、基金管理公司独立董事、独立监事等职务，情节较轻的，给予警告或者严重警告处分；情节较重的，给予撤销党内职务处分；情节严重的，给予留党察看处分。

第一百零六条　离职或者退（离）休后利用原职权或者职务上的影响，为配偶、子女及其配偶等亲属和其他特定关系人从事经营活动谋取利益，情节较轻的，给予警告或者严重警告处分；情节较重的，给予撤销党内职务或者留党察看处分；情节严重的，给予开除党籍处分。

离职或者退（离）休后利用原职权或者职务上的影响为他人谋取利益，本人的配偶、子女及其配偶等亲属和其他特定关系人收受对方财物，情节较重的，给予警告或者严重警告处分；情节严重的，给予撤销党内职务、留党察看或者开除党籍处分。

第一百零七条 党员领导干部的配偶、子女及其配偶，违反有关规定在该党员领导干部管辖的地区和业务范围内从事可能影响其公正执行公务的经营活动，或者有其他违反经商办企业禁业规定行为的，该党员领导干部应当按照规定予以纠正；拒不纠正的，其本人应当辞去现任职务或者由组织予以调整职务；不辞去现任职务或者不服从组织调整职务的，给予撤销党内职务处分。

第一百零八条 党和国家机关违反有关规定经商办企业的，对直接责任者和领导责任者，给予警告或者严重警告处分；情节严重的，给予撤销党内职务处分。

第一百零九条 党员领导干部违反工作、

生活保障制度，在交通、医疗、警卫等方面为本人、配偶、子女及其配偶等亲属、身边工作人员和其他特定关系人谋求特殊待遇，情节较重的，给予警告或者严重警告处分；情节严重的，给予撤销党内职务或者留党察看处分。

第一百一十条　在分配、购买住房中侵犯国家、集体利益，情节较轻的，给予警告或者严重警告处分；情节较重的，给予撤销党内职务或者留党察看处分；情节严重的，给予开除党籍处分。

第一百一十一条　利用职权或者职务上的影响，侵占非本人经管的公私财物，或者以象征性地支付钱款等方式侵占公私财物，或者无偿、象征性地支付报酬接受服务、使用劳务，情节较轻的，给予警告或者严重警告处分；情节较重的，给予撤销党内职务或者留党察看处分；情节严重的，给予开除党籍处分。

利用职权或者职务上的影响，将应当由本人、配偶、子女及其配偶等亲属、身边工作人员和其他特定关系人个人支付的费用，由下属单位、其他单位或者他人支付、报销的，依照前款规定处理。

第一百一十二条 利用职权或者职务上的影响，违反有关规定占用公物归个人使用，时间超过六个月，情节较重的，给予警告或者严重警告处分；情节严重的，给予撤销党内职务处分。

占用公物进行营利活动的，给予警告或者严重警告处分；情节较重的，给予撤销党内职务或者留党察看处分；情节严重的，给予开除党籍处分。

将公物借给他人进行营利活动的，依照前款规定处理。

第一百一十三条 违反有关规定组织、参加用公款支付的宴请、娱乐、健身活动，或者用公款购买赠送或者发放礼品、消费卡（券）等，对直接责任者和领导责任者，情节较轻的，给予警告或者严重警告处分；情节较重的，给予撤销党内职务或者留党察看处分；情节严重的，给予开除党籍处分。

第一百一十四条　违反有关规定自定薪酬或者滥发津贴、补贴、奖金、福利等，对直接责任者和领导责任者，情节较轻的，给予警告或者严重警告处分；情节较重的，给予撤销党内职务或者留党察看处分；情节严重的，给予开除党籍处分。

第一百一十五条　有下列行为之一，对直接责任者和领导责任者，情节较轻的，给予警告或者严重警告处分；情节较重的，给予撤销党内职务或者留党察看处分；情节严重的，给予开除党籍处分：

（一）公款旅游或者以学习培训、考察调研、职工疗养等为名变相公款旅游；

（二）改变公务行程，借机旅游；

（三）参加所管理企业、下属单位组织的考察活动，借机旅游。

以考察、学习、培训、研讨、招商、参展等名义变相用公款出国（境）旅游的，对直接责任者和领导责任者，依照前款规定处理。

第一百一十六条　违反接待管理规定，超

标准、超范围接待或者借机大吃大喝，对直接责任者和领导责任者，情节较重的，给予警告或者严重警告处分；情节严重的，给予撤销党内职务处分。

第一百一十七条 违反有关规定配备、购买、更换、装饰、使用公务交通工具或者有其他违反公务交通工具管理规定的行为，对直接责任者和领导责任者，情节较重的，给予警告或者严重警告处分；情节严重的，给予撤销党内职务或者留党察看处分。

第一百一十八条 违反会议活动管理规定，有下列行为之一，对直接责任者和领导责任者，情节较重的，给予警告或者严重警告处分；情节严重的，给予撤销党内职务处分：

（一）到禁止召开会议的风景名胜区开会；

（二）决定或者批准举办各类节会、庆典活动；

（三）其他违反会议活动管理规定行为。

擅自举办评比达标表彰、创建示范活动或者借评比达标表彰、创建示范活动收取费用的，对直接责任者和领导责任者，依照前款规定处理。

第一百一十九条　违反办公用房管理等规定，有下列行为之一，对直接责任者和领导责任者，情节较重的，给予警告或者严重警告处分；情节严重的，给予撤销党内职务处分：

（一）决定或者批准兴建、装修办公楼、培训中心等楼堂馆所；

（二）超标准配备、使用办公用房；

（三）未经批准租用、借用办公用房；

（四）用公款包租、占用客房或者其他场所供个人使用；

（五）其他违反办公用房管理等规定行为。

第一百二十条　搞权色交易或者给予财物搞钱色交易的，给予警告或者严重警告处分；情节较重的，给予撤销党内职务或者留党察看处分；情节严重的，给予开除党籍处分。

第一百二十一条　有其他违反廉洁纪律规定行为的，应当视具体情节给予警告直至开除党籍处分。

第九章　对违反群众纪律行为的处分

第一百二十二条　有下列行为之一，对直接责任者和领导责任者，情节较轻的，给予警告或者严重警告处分；情节较重的，给予撤销党内职务或者留党察看处分；情节严重的，给予开除党籍处分：

（一）超标准、超范围向群众筹资筹劳、摊派费用，加重群众负担；

（二）违反有关规定扣留、收缴群众款物或者处罚群众；

（三）克扣群众财物，或者违反有关规定拖欠群众钱款；

（四）在管理、服务活动中违反有关规定收取费用；

（五）在办理涉及群众事务时刁难群众、吃拿卡要；

（六）其他侵害群众利益行为。

在乡村振兴领域有上述行为的，从重或者

加重处分。

第一百二十三条　干涉生产经营自主权，致使群众财产遭受较大损失的，对直接责任者和领导责任者，给予警告或者严重警告处分；情节严重的，给予撤销党内职务或者留党察看处分。

第一百二十四条　在社会保障、社会救助、政策扶持、救灾救济款物分配等事项中优亲厚友、明显有失公平的，给予警告或者严重警告处分；情节较重的，给予撤销党内职务或者留党察看处分；情节严重的，给予开除党籍处分。

第一百二十五条　利用宗族或者黑恶势力等欺压群众，或者纵容涉黑涉恶活动、为黑恶势力充当“保护伞”的，给予撤销党内职务或者留党察看处分；情节严重的，给予开除党籍处分。

第一百二十六条　有下列行为之一，对直接责任者和领导责任者，情节较重的，给予警告或者严重警告处分；情节严重的，给予撤销党内职务或者留党察看处分：

（一）对涉及群众生产、生活等切身利益的问题依照政策或者有关规定能解决而不及时解决，庸懒无为、效率低下，造成不良影响；

（二）对符合政策的群众诉求消极应付、推诿扯皮，损害党群、干群关系；

（三）对待群众态度恶劣、简单粗暴，造成不良影响；

（四）弄虚作假，欺上瞒下，损害群众利益；

（五）其他不作为、乱作为、慢作为、假作为等损害群众利益行为。

第一百二十七条 遇到国家财产和群众生命财产受到严重威胁时，能救而不救，情节较重的，给予警告、严重警告或者撤销党内职务处分；情节严重的，给予留党察看或者开除党籍处分。

第一百二十八条 不按照规定公开党务、政务、厂务、村（居）务等，侵犯群众知情权，对直接责任者和领导责任者，情节较重的，给予警告或者严重警告处分；情节严重的，给予撤销党内职务或者留党察看处分。

第一百二十九条　有其他违反群众纪律规定行为的，应当视具体情节给予警告直至开除党籍处分。

第十章　对违反工作纪律行为的处分

第一百三十条　工作中不负责任或者疏于管理，贯彻执行、检查督促落实上级决策部署不力，给党、国家和人民利益以及公共财产造成较大损失的，对直接责任者和领导责任者，给予警告或者严重警告处分；造成重大损失的，给予撤销党内职务、留党察看或者开除党籍处分。

党员领导干部对于到任前已经存在且属于其职责范围内的问题，消极回避、推卸责任，造成严重损害或者严重不良影响的，依照前款规定处理。

第一百三十一条　工作中不敢斗争、不愿担当，面对重大矛盾冲突、危机困难临阵退缩，造成不良影响或者严重后果的，给予警告或者严重警告处分；情节严重的，给予撤销党内职务、留党察看或者开除党籍处分。

第一百三十二条 有下列行为之一，造成严重损害或者严重不良影响的，对直接责任者和领导责任者，给予警告或者严重警告处分；情节较重的，给予撤销党内职务或者留党察看处分；情节严重的，给予开除党籍处分：

（一）热衷于搞舆论造势、浮在表面；

（二）单纯以会议贯彻会议、以文件落实文件，在实际工作中不见诸行动；

（三）脱离实际，不作深入调查研究，搞随意决策、机械执行；

（四）违反精文减会有关规定搞文山会海；

（五）在督查检查考核等工作中搞层层加码、过度留痕，增加基层工作负担；

（六）工作中其他形式主义、官僚主义行为。

第一百三十三条 在公务活动用餐、单位食堂用餐管理工作中不履行或者不正确履行宣传教育、监督管理职责，导致餐饮浪费，造成严重不良影响的，对直接责任者和领导责任者，给予警告或者严重警告处分；情节严重的，给予撤销党内职务处分。

第一百三十四条　在机构编制工作中，有下列行为之一，造成不良影响或者严重后果的，对直接责任者和领导责任者，给予警告或者严重警告处分；情节较重的，给予撤销党内职务或者留党察看处分；情节严重的，给予开除党籍处分：

（一）擅自超出“三定”规定范围调整职责、设置机构、核定领导职数和配备人员；

（二）违规干预地方机构设置；

（三）其他违反机构编制管理规定行为。

第一百三十五条　在信访工作中，有下列行为之一，造成不良影响或者严重后果的，对直接责任者和领导责任者，给予警告或者严重警告处分；情节较重的，给予撤销党内职务或者留党察看处分；情节严重的，给予开除党籍处分：

（一）不按照规定受理、办理信访事项；

（二）对规模性集体访等处置不力，导致事态扩大；

（三）对党委和政府信访部门提出的改进工作、完善政策等建议重视不够、落实不力，导致问题长期得不到解决；

（四）其他不履行或者不正确履行信访工作职责行为。

不履行或者不正确履行职责，导致信访事项发生，造成不良影响或者严重后果的，对直接责任者和领导责任者，依照前款规定处理。

第一百三十六条 党组织有下列行为之一，对直接责任者和领导责任者，情节较重的，给予警告或者严重警告处分；情节严重的，给予撤销党内职务或者留党察看处分：

（一）党员被立案审查期间，擅自批准其出差、出国（境）、辞职，或者对其交流、提拔职务、晋升职级、进一步使用、奖励，或者办理退休手续；

（二）党员被依法追究刑事责任后，不按照规定给予党纪处分，或者对党员违反国家法律法规的行为，应当给予党纪处分而不处分；

（三）党纪处分决定或者申诉复查决定作出后，不按照规定落实决定中关于被处分人党籍、职务、职级、待遇等事项；

（四）党员受到党纪处分后，不按照干部管理权限和组织关系对受处分党员开展日常教育、管理和监督工作。

第一百三十七条　滥用问责，或者在问责工作中严重不负责任，造成不良影响的，对直接责任者和领导责任者，给予警告或者严重警告处分；情节严重的，给予撤销党内职务处分。

第一百三十八条　因工作不负责任致使所管理的人员叛逃的，对直接责任者和领导责任者，给予警告或者严重警告处分；情节严重的，给予撤销党内职务处分。

因工作不负责任致使所管理的人员出逃、出走，对直接责任者和领导责任者，情节较重的，给予警告或者严重警告处分；情节严重的，给予撤销党内职务处分。

第一百三十九条 进行统计造假，对直接责任者和领导责任者，情节较轻的，给予警告或者严重警告处分；情节较重的，给予撤销党内职务或者留党察看处分；情节严重的，给予开除党籍处分。

对统计造假失察，造成严重后果的，对直接责任者和领导责任者，给予警告或者严重警告处分；情节严重的，给予撤销党内职务、留党察看或者开除党籍处分。

第一百四十条 在上级检查、视察工作或者向上级汇报、报告工作时对应当报告的事项不报告或者不如实报告，造成严重损害或者严重不良影响的，对直接责任者和领导责任者，给予警告或者严重警告处分；情节严重的，给予撤销党内职务或者留党察看处分。

在上级检查、视察工作或者向上级汇报、报告工作时纵容、唆使、暗示、强迫下级说假话、报假情的，从重或者加重处分。

第一百四十一条　违反有关规定干预和插手市场经济活动，有下列行为之一，情节较轻的，给予警告或者严重警告处分；情节较重的，给予撤销党内职务或者留党察看处分；情节严重的，给予开除党籍处分：

（一）干预和插手建设工程项目承发包、土地使用权出让、政府采购、房地产开发与经营、矿产资源开发利用、中介机构服务等活动；

（二）干预和插手国有企业重组改制、兼并、破产、产权交易、清产核资、资产评估、资产转让、重大项目投资以及其他重大经营活动等事项；

（三）干预和插手批办各类行政许可和资金借贷等事项；

（四）干预和插手经济纠纷；

（五）干预和插手集体资金、资产和资源的使用、分配、承包、租赁等事项。

第一百四十二条　违反有关规定干预和插手司法活动、执纪执法活动，向有关地方或者部门打听案情、打招呼、说情，或者以其他方式对司法活动、执纪执法活动施加影响，情节较轻的，给予严重警告处分；情节较重的，给予撤销党内职务或者留党察看处分；情节严重的，给予开除党籍处分。

违反有关规定干预和插手公共财政资金分配、项目立项评审、功勋荣誉表彰奖励等活动，造成重大损失或者不良影响的，依照前款规定处理。

第一百四十三条　按照有关规定对干预和插手行为负有报告和登记义务的受请托人，不按照规定报告或者登记，情节较重的，给予警告或者严重警告处分；情节严重的，给予撤销党内职务处分。

第一百四十四条　泄露、扩散或者打探、窃取党组织关于干部选拔任用、纪律审查、巡视巡察等尚未公开事项或者其他应当保密的内容的，给予警告或者严重警告处分；情节较重的，给予撤销党内职务或者留党察看处分；情节严重的，给予开除党籍处分。

私自留存涉及党组织关于干部选拔任用、纪律审查、巡视巡察等方面资料，情节较重的，给予警告或者严重警告处分；情节严重的，给予撤销党内职务处分。

第一百四十五条　在考试、录取工作中，有泄露试题、考场舞弊、涂改考卷、违规录取等违反有关规定行为的，给予警告或者严重警告处分；情节较重的，给予撤销党内职务或者留党察看处分；情节严重的，给予开除党籍处分。

第一百四十六条　以不正当方式谋求本人或者其他人用公款出国（境），情节较轻的，给予警告处分；情节较重的，给予严重警告处分；情节严重的，给予撤销党内职务处分。

第一百四十七条　临时出国（境）团（组）或者人员中的党员，擅自延长在国（境）外期限，或者擅自变更路线的，对直接责任者和领导责任者，给予警告或者严重警告处分；情节严重的，给予撤销党内职务处分。

第一百四十八条　驻外机构或者临时出国（境）团（组）中的党员，触犯驻在国家、地区的法律、法令或者不尊重驻在国家、地区的宗教习俗，情节较重的，给予警告或者严重警告处分；情节严重的，给予撤销党内职务、留党察看或者开除党籍处分。

第一百四十九条 在党的纪律检查、组织、宣传、统一战线工作以及机关工作等其他工作中，不履行或者不正确履行职责，造成损失或者不良影响的，应当视具体情节给予警告直至开除党籍处分。

第十一章 对违反生活纪律行为的处分

第一百五十条 生活奢靡、铺张浪费、贪图享乐、追求低级趣味，造成不良影响的，给予警告或者严重警告处分；情节严重的，给予撤销党内职务处分。

第一百五十一条 与他人发生不正当性关系，造成不良影响的，给予警告或者严重警告处分；情节较重的，给予撤销党内职务或者留党察看处分；情节严重的，给予开除党籍处分。

利用职权、教养关系、从属关系或者其他相类似关系与他人发生性关系的，从重处分。

第一百五十二条 党员领导干部不重视家风建设，对配偶、子女及其配偶失管失教，造成不良影响或者严重后果的，给予警告或者严重警告处分；情节严重的，给予撤销党内职务处分。

第一百五十三条 违背社会公序良俗，在公共场所、网络空间有不当言行，造成不良影响的，给予警告或者严重警告处分；情节较重的，给予撤销党内职务或者留党察看处分；情节严重的，给予开除党籍处分。

第一百五十四条 有其他严重违反社会公德、家庭美德行为的，应当视具体情节给予警告直至开除党籍处分。

第三编　附　　则

第一百五十五条　各省、自治区、直辖市党委可以根据本条例，结合各自工作的实际情况，制定单项实施规定。

第一百五十六条　中央军事委员会可以根据本条例，结合中国人民解放军和中国人民武装警察部队的实际情况，制定补充规定或者单项规定。

第一百五十七条　本条例由中央纪委负责解释。

第一百五十八条　本条例自 2024 年 1 月 1 日起施行。

本条例施行前，已结案的案件如需进行复查复议，适用当时的规定或者政策。尚未结案的案件，如果行为发生时的规定或者政策不认为是违纪，而本条例认为是违纪的，依照当时的规定或者政策处理；如果行为发生时的规定或者政策认为是违纪的，依照当时的规定或者政策处理，但是如果本条例不认为是违纪或者处理较轻的，依照本条例规定处理。

图书在版编目（CIP）数据

纪法知识学习百问百答 / 中国法制出版社编 .—北京：中国法制出版社，2024. 1
ISBN 978-7-5216-3504-1

Ⅰ. ①纪… Ⅱ. ①中… Ⅲ. ①中国共产党-纪律检查-工作-问题解答 Ⅳ. ①D262. 6-44

中国国家版本馆 CIP 数据核字(2023)第 257387 号

责任编辑：秦智贤　　　　封面设计：杨鑫宇

纪法知识学习百问百答
JIFA ZHISHI XUEXI BAIWEN BAIDA

经销/新华书店
印刷/三河市紫恒印装有限公司
开本/880 毫米×1230 毫米　64 开　　印张/3. 125　字数/ 78 千
版次/2024 年 1 月第 1 版　　2024 年 1 月第 1 次印刷

中国法制出版社出版
书号 ISBN 978-7-5216-3504-1　　定价：15. 00 元

北京市西城区西便门西里甲 16 号西便门办公区
邮政编码：100053　　传真：010-63141600
网址：http：//www. zgfzs. com　　编辑部电话：010-63141798
市场营销部电话：010-63141612　　印务部电话：010-63141606

（如有印装质量问题，请与本社印务部联系。）

ISBN 978-7-5216-3504-1

9 787521 635041 >

定价：15.00 元